DE LA MÊME AUTRICE

Aux Éditions Gallimard

DÉVOTION, 2018

JUST KIDS, 2017, nouvelle édition illustrée

M TRAIN, 2016 (Folio n° 6438)

GLANEURS DE RÊVES, 2014 (Folio n° 6124)

Aux Éditions Denoël

JUST KIDS, 2010 (Folio n° 5438)

Aux Éditions Christian Bourgois

PRÉSAGES D'INNOCENCE, 2007

BABEL, 1997

Aux Éditions Tristram

CORPS DE PLANE, 1998

LA MER DE CORAIL, 1996

L'ANNÉE DU SINGE

PATTI SMITH

L'ANNÉE DU SINGE

récit

Traduit de l'anglais (États-Unis)
par Nicolas Richard

nrf

GALLIMARD

Titre original :

YEAR OF THE MONKEY

Une folie mortelle s'empare du monde.

ANTONIN ARTAUD

TOUT LÀ-BAS, À L'OUEST

Il était minuit largement passé lorsque nous nous sommes garés devant le Dream Motel. J'ai payé le conducteur, me suis assurée de ne rien oublier, et j'ai appuyé sur la sonnette pour réveiller la propriétaire. Il est presque trois heures du matin, a-t-elle dit, mais elle m'a remis ma clé et une bouteille d'eau minérale. Ma chambre était à l'étage du bas, face au long embarcadère. J'ai ouvert la baie vitrée coulissante et j'ai pu entendre le son des vagues accompagné de l'aboiement ténu des otaries affalées sur les planches en dessous du quai. Bonne année ! ai-je lancé. Bonne année à la lune ascendante, à la mer télépathique.

Le trajet depuis San Francisco prenait à peine plus d'une heure. J'avais été parfaitement éveillée mais me sentais soudain épuisée. J'ai enlevé mon manteau et laissé la porte coulissante légèrement entrouverte pour écouter les vagues mais suis immédiatement tombée dans un semblant de sommeil. Je me suis réveillée brusquement, me suis rendue aux W.-C., me suis brossé les dents, ai enlevé mes bottes et suis allée au lit. Peut-être ai-je rêvé.

Matin du premier de l'An à Santa Cruz, assez mort. J'ai eu une soudaine envie d'un petit déjeuner précis : café noir, gruau de maïs avec oignons verts. Pas beaucoup de chance de trouver ça

Dream Inn

ici, mais une assiette de jambon avec des œufs ferait l'affaire. J'ai pris mon appareil photo et j'ai descendu la pente en direction de l'embarcadère. Une enseigne en partie cachée par de grands palmiers élancés se dessinait, et je me suis rendu compte qu'en réalité il ne s'agissait pas d'un motel. L'enseigne annonçait *Dream Inn*, ponctué d'une étoile rappelant l'époque du Spoutnik. Je me suis arrêtée pour l'admirer et je l'ai prise en photo au Polaroid, l'image est sortie de l'appareil et je l'ai glissée dans ma poche.

— Merci, Dream Motel, ai-je dit, à moitié dans le vide, à moitié à l'intention de l'enseigne.

— C'est le Dream Inn, l'auberge du rêve ! a protesté l'enseigne.

— Ah ouais, désolée, ai-je dit, quelque peu décontenancée. Et pourtant, je n'ai strictement rien rêvé.

— Oh vraiment ? Rien ?

— Rien !

Je n'ai pu m'empêcher de me sentir dans la peau d'Alice interrogée par la chenille bleue fumant le narguilé. J'ai regardé mes pieds, évitant l'énergie inquisitrice de l'enseigne.

— Eh bien, merci pour la photo, ai-je dit, m'apprêtant à décamper.

Quoi qu'il en soit, mon départ fut interrompu par le jaillissement d'un John Tenniel animé. La Fausse-Tortue debout sur ses pattes arrière. Le Laquais-Poisson et le Laquais-Grenouille. Le Dodo paré de sa grande veste à manches longues, la très laide Duchesse et la Cuisinière, et Alice elle-même, présidant d'un air sombre à un interminable thé où, ne vous en déplaise, nul thé n'était servi. Je me suis demandé si le soudain bombardement s'était déclenché de lui-même ou s'il était lié à la charge magnétique de l'enseigne du Dream Inn.

— Et là, qu'est-ce que ça donne ?

— L'esprit ! me suis-je écriée, exaspérée, tandis que les croquis animés se multipliaient à un rythme alarmant.

— L'esprit éveillé ! a gloussé l'enseigne d'un air triomphant.

Je me suis détournée, interrompant la communication. De fait, quelque peu atteinte d'exophorie, j'expérimente fréquemment ce genre de sautes de la perception, le plus souvent du côté droit. En outre, une fois pleinement réveillé, le cerveau est réceptif à toutes sortes de signaux, mais il n'était pas question que je confie cela à une enseigne.

— Je n'ai pas fait un seul rêve ! ai-je répondu en hurlant obstinément, descendant la pente, flanquée de salamandres flottantes.

Au bas se trouvait un établissement peu élevé avec le mot *coffee* écrit à l'horizontale en lettres de plus de trente centimètres de haut, en travers de la vitre, avec une pancarte qui annonçait « Ouvert ». S'ils consacrent une si grande partie de la devanture au mot *coffee*, me suis-je dit, ils servent peut-être un café assez bon, voire des beignets saupoudrés de cannelle. Mais en posant la main sur la poignée de porte, j'ai remarqué une pancarte plus petite accrochée : « Fermé ». Pas d'explication, même pas *de retour dans vingt minutes*. J'avais un mauvais pressentiment pour ce qui était de mon café et déjà fait une croix sur les beignets. J'imaginais que la plupart des gens avaient une gueule de bois carabinée. On ne peut pas en vouloir à un café d'être fermé le premier de l'An, même si un café serait sans doute le remède idéal après une nuit d'excès festifs.

Privée de mon café, je me suis assise sur le banc, à l'extérieur, pour repenser aux moments forts de la soirée de la veille. C'était la dernière d'une série de trois concerts d'affilée au Fillmore et j'étais en train d'enlever les cordes de ma Stratocaster quand un type à la queue-de-cheval graisseuse s'était penché en avant et avait vomi sur mes bottes. Le dernier souffle de 2015, une gerbe de vomi pour inaugurer le Nouvel An. Bon ou mauvais signe ?

Eh bien, vu l'état du monde, qui pouvait dire la différence ? Ayant repensé à cela, j'ai fouillé dans mes poches à la recherche d'une lingette à l'hamamélis, habituellement réservée au nettoyage de l'objectif de mon appareil photo, je me suis agenouillée et j'ai nettoyé mes bottes. Bonne année, leur ai-je dit.

M'éloignant lentement de l'enseigne, j'ai été la cible d'un curieux enchaînement de formules, et j'ai fouillé dans mes poches à la recherche d'un crayon à papier, songeant à les consigner par écrit. *Oiseaux cendrés tournoyant au-dessus de la ville saupoudrée de nuit / Prairies vagabondes ornées de brume / Un palais mythique qui était aussi une forêt / Des feuilles qui ne sont que des feuilles.* C'est le syndrome du poète à sec, qui a besoin de cueillir l'inspiration dans l'air fantasque, tel Jean Marais dans l'*Orphée* de Cocteau, s'enfermant dans un garage baroque des faubourgs de Paris à l'intérieur d'une Renault délabrée, passant d'une station de radio à une autre, griffonnant des bribes sur des bouts de papier – *une goutte d'eau contient le monde*, etc.

Revenue dans ma chambre, j'ai repéré des tubes de Nescafé et une petite bouilloire électrique. Je me suis fait mon propre café, me suis emmitouflée dans une couverture, j'ai ouvert les baies vitrées et me suis assise dans le petit patio face à la mer. Un muret obstruait partiellement la vue, mais j'ai pris mon café en entendant les vagues, relativement satisfaite.

Puis j'ai songé à Sandy. Il aurait dû être ici, dans une chambre au bout du couloir. Nous devions nous retrouver à San Francisco avant les concerts du groupe au Fillmore et faire comme à notre habitude : prendre un café au Caffè Trieste, aller scruter les rayonnages de la librairie City Lights, faire des allers et retours sur le Golden Gate en écoutant les Doors, Wagner et le Grateful Dead. Sandy Pearlman, le gars que je connaissais depuis plus de quatre décennies, et son fameux débit rapide lorsqu'il s'agissait de disserter sur le cycle de *L'Anneau du Nibelung* ou un motif de Benjamin Britten, était toujours présent quand nous nous produisions au Fillmore, le dos voûté dans son blouson de cuir, coiffé de sa casquette de base-ball, penché devant un verre de ginger ale, à sa table habituelle derrière un rideau près des loges. Nous avions l'intention de nous faire la malle après le concert du Nouvel An et de prendre la route tard cette nuit-là à travers les nappes de brouillard jusqu'à Santa Cruz. Le projet était de déjeuner le premier de l'An dans son restaurant de tacos secret, non loin du Dream Motel.

Mais cela n'avait jamais eu lieu, car Sandy avait été trouvé la veille de notre premier concert seul et sans connaissance dans un parking de San Rafael. Il avait été hospitalisé dans le comté de Marin, victime d'une hémorragie cérébrale.

Le lendemain matin, Lenny Kaye et moi étions allés au service de soins intensifs de l'hôpital. Sandy, dans le coma, intubé de toutes parts, calfeutré dans un silence sinistre. Nous nous sommes tenus chacun d'un côté du lit, lui promettant mentalement de ne pas le lâcher, de maintenir le contact, prêts à intercepter et accepter tout signal. Pas seulement des éclats d'amour, comme aurait dit Sandy, mais le verre entier.

Nous sommes retournés en voiture à notre hôtel de Japantown, à peine capables de parler. Lenny a pris sa guitare et nous sommes allés dans un endroit appelé On the Bridge, situé sur la passerelle reliant la partie ouest du centre commercial à sa partie est. Nous nous sommes assis dans le fond à une table verte en bois, l'un et l'autre abasourdis. Les murs étaient jaunes, des affiches de mangas japonais y étaient accrochées, *La Fille des Enfers*, *Wolf's Rain* et des rayonnages de BD qui ressemblaient plus à des romans format livre de poche. Lenny a pris un katsu curry avec une bière Asahi Super Dry et moi des spaghettis aux œufs de poissons volants et du thé oolong. Nous avons mangé, avons solennellement partagé un saké puis sommes allés à pied au Fillmore pour faire notre balance avant le concert. Nous ne pouvions que prier et jouer sans la présence enthousiaste de Sandy. Nous avons plongé dans la première des trois nuits de larsen, de poésie, de coups de gueule improvisés, de politique et de rock'n'roll avec une vigueur qui m'a laissée hors d'haleine, comme si nous pouvions soniquement l'atteindre.

Le matin de mon soixante-neuvième anniversaire, Lenny et moi sommes retournés à l'hôpital. Nous sommes restés au chevet de Sandy et, même si c'était impossible, nous avons fait le vœu de ne pas le laisser. Nos regards se sont croisés, sachant que nous ne pouvions pas vraiment rester. Nous avions du pain sur la planche, des concerts à assurer, des vies à vivre, fût-ce avec insouciance. Nous étions condamnés à célébrer mon soixante-neuvième anniversaire au Fillmore sans lui. Ce soir-là, tournant brièvement le dos au public pendant le passage instrumental de *If 6 Was 9*, j'ai retenu mes larmes tandis que des torrents de mots se superposaient à d'autres torrents, se mêlant à des images de Sandy, toujours sans connaissance, à seulement un Golden Gate de là.

Quand nous avons terminé notre travail à San Francisco, j'ai laissé Sandy et suis partie toute seule pour Santa Cruz. Assise à l'arrière de la voiture tandis que sa voix tournoyait, je n'ai pu me résoudre à annuler la réservation de sa chambre. *Matrix Monolith Medusa Macbeth Metallica Machiavelli*. Le jeu des mots en M de Sandy directement jusqu'au cordon en velours, avec des instructions l'emmenant tout là-bas jusqu'à la bibliothèque d'Imaginos.

Je suis restée assise dans mon patio, enveloppée dans ma couverture comme une convalescente de *La montagne magique*, puis j'ai senti poindre un étrange mal de tête, très probablement dû à un changement brusque du baromètre. Je suis allée à la réception en quête d'une aspirine lorsque j'ai remarqué que ma chambre n'était pas au rez-de-chaussée mais en dessous, à l'entresol, et donc plus proche de là où commençait la plage. J'avais oublié cela et j'ai été décontenancée en marchant dans le couloir faiblement éclairé. Incapable de localiser la cage d'escalier qui conduisait à la réception, j'ai renoncé à l'aspirine et décidé de rebrousser chemin. Cherchant mes clés dans ma poche, j'y ai trouvé de la gaze enroulée serré, à peu près de la taille d'une gauloise. J'en ai déroulé un tiers, m'attendant à moitié à trouver un message, mais il n'y avait rien. Je ne savais pas du tout comment elle avait atterri là, mais je l'ai rembobinée, l'ai remise dans ma poche et suis retournée dans ma chambre. J'ai allumé la radio, Nina Simone chantait *I Put a Spell on You*. Les phoques étaient silencieux, j'entendais les vagues au loin, l'hiver sur la côte ouest. Je me suis affalée sur le lit et j'ai dormi d'un sommeil profond.

Au Dream Motel, j'étais certaine de ne pas avoir rêvé, et pourtant, plus j'y songeais, plus je me rendais compte qu'en fait j'avais rêvé. Plus précisément, j'avais glissé aux confins d'un rêve. Le crépuscule se faisait passer pour la nuit, tombant son masque pour révéler l'aube, illuminant un sentier que je suivais de mon plein gré, du désert jusqu'à la mer. Les mouettes gémissaient et croassaient tandis que les phoques dormaient, sauf leur roi, qui ressemblait davantage à un morse, relevant la tête et aboyant au soleil. J'avais l'impression que tout le monde était parti, parti un peu au sens de J. G. Ballard.

La plage était jonchée de papiers de bonbons, des centaines, peut-être des milliers, éparpillés comme autant de plumes après une mue. Je me suis accroupie pour tâcher de tirer cette affaire au clair, j'en ai fourré une pleine poignée dans ma poche. Butterfinger, Peanut Chews, 3 Musketeers, Milky Way et Baby Ruth. Tous ouverts, et pourtant pas une trace de chocolat. Il n'y avait personne alentour, nulle empreinte de pied sur le rivage, juste un ghetto-blaster en partie masqué par un monticule de sable. J'avais oublié ma clé, mais la porte coulissante n'était pas verrouillée. En revenant dans ma chambre, j'ai constaté que j'étais encore endormie, alors j'ai attendu, fenêtre ouverte, de me réveiller.

Mon autre moi continuait de dormir, même sous mon propre œil attentif. J'arrivais devant une grande pancarte délavée annonçant que le phénomène des papiers de bonbons s'était étendu jusqu'à San Diego, ils recouvraient une petite étendue de plage que je connaissais bien, adjacente à l'embarcadère de pêche d'Ocean Beach. J'ai suivi un sentier à travers d'interminables marais hérissés de gratte-ciel abandonnés aux angles changeants. De sveltes arbustes indésirables poussaient dans des fissures du ciment, les branches comme autant de bras pâles dépassant de structures mortes. Le temps que j'arrive à la plage, la lune s'était levée, faisant apparaître le vieil embarcadère en ombre chinoise. Il était trop tard, les papiers de bonbons avaient été ratissés, rassemblés en monticules et brûlés, créant un long alignement de feux de joie toxiques qui avait néanmoins l'air assez beaux, les papiers enflammés se recroquevillaient comme des feuilles d'automne artificielles.

La lisière du rêve, une lisière qui évoluait, en plus ! Peut-être davantage une visite, une prescience des choses à venir, comme un énorme essaim de moucherons, des nuages noirs obscurcissant les chemins sur lesquels des enfants chancelaient à bicyclette. Les frontières de la réalité s'étaient recomposées de telle manière qu'il semblait nécessaire de tracer la carte de cette topographie en patchwork. Ce qu'il fallait c'était un brin de pensée géométrique pour dessiner tout cela. Au fond du tiroir du bureau se trouvaient un ou deux pansements, une carte postale décolorée, un bâtonnet de charbon et une feuille pliée de papier calque, ce qui semblait

Parti, un peu au sens de J. G. Ballard

être une chance incroyable. J'ai scotché le papier calque au mur, tâchant de comprendre quelque chose à ce paysage impossible, mais je n'ai fait que composer un diagramme fracturé contenant toute la logique improbable d'une carte au trésor enfantine.

— Sers-toi de ta tête, m'a grondée le miroir.

— Un peu de jugeote, a conseillé l'enseigne.

Ma poche était pleine à ras bord de papiers de bonbons. Je les ai étalés sur le bureau à côté de la carte postale, l'exposition Panama-Californie de 1915 à San Diego, qui m'a fait dire qu'il faudrait peut-être que j'aille à San Diego voir Ocean Beach par moi-même.

Mon analyse infructueuse m'avait quelque peu ouvert l'appétit. J'ai trouvé un *diner* rétro dans les environs, Lucy's, où j'ai commandé une tartine de pain de seigle au fromage grillé, de la tarte à la myrtille et du café noir. Dans le box, derrière moi, il y avait des gamins, ils devaient avoir treize, quatorze ans. Je n'avais pas prêté attention à ce qu'ils racontaient, plutôt bercée par le son de leurs voix, on aurait dit qu'elles s'échappaient du juke-box, un sélecteur de chansons à pièces, installé sur la table. Les mômes du juke-box parlaient à voix basse, un bourdonnement qui petit à petit se manifestait sous forme de mots.

— Non, c'est une combinaison de deux mots, adjectif-nom.

— Pas du tout, ce sont deux mots différents, pas une combinaison, juste deux choses différentes. Il y en a un, c'est un adjectif, et l'autre, c'est un nom.

— C'est pareil.

— Non, toi tu as dit une combinaison. Ce n'est pas une combinaison. Ils sont séparés.

— Vous êtes tous des abrutis, est intervenue une nouvelle voix.

Silence soudain. Celui-ci devait avoir une certaine aura parce qu'ils se sont tous tus et l'ont écouté.

— C'est un seul terme. Une description. Un terme unique, je vous le dis. Papier-bonbon, c'est un nom.

J'ai tendu l'oreille. Hasard ou quoi ? Le bourdonnement s'élevait comme les vapeurs d'un bloc de neige carbonique. J'ai pris ma note et me suis nonchalamment arrêtée à hauteur de leur box. Quatre petits intellos d'une décontraction agressive.

— Hé, vous êtes au courant de quelque chose à propos de ça ? ai-je demandé en lissant un papier de bonbon.

— Il y a une faute à Chews. Ils l'ont écrit avec un Z.

— Vous savez d'où ça pourrait venir ?

— Peut-être une contrefaçon chinoise.

— Bon, eh bien, si vous entendez parler de quoi que ce soit, faites-moi signe.

Sous leurs regards qui exprimaient un étonnement croissant, j'ai récupéré mon drôle de papier de Peanut Chews. Bizarrement, je n'avais pas remarqué le Z fautif. La femme à la caisse ouvrait un rouleau de pièces de vingt-cinq cents. Je me suis rendu compte que j'avais oublié de laisser un pourboire et je suis retournée à mon box.

— À propos, ai-je dit en m'arrêtant devant eux, papier-bonbon, c'est sans conteste un nom.

Ils se sont levés et sont passés devant moi sans laisser de pourboire. J'ai remarqué qu'ils avaient tous un sac à dos bleu avec une bande jaune verticale. Le dernier à partir m'a lancé un regard furieux. Il avait des cheveux noirs ondulés, l'œil droit légèrement vagabond, un peu comme le mien.

Mon téléphone était en train de vibrer. C'était Lenny, il avait des nouvelles de Sandy, qui n'étaient pas du tout des nouvelles. Un silence stable qui nécessitait de la patience et des prières. Je suis entrée dans une friperie et n'ai pu m'empêcher d'acheter un tee-shirt tie and dye à l'effigie du Grateful Dead avec la tête de

Jerry Garcia. Il y avait deux petites bibliothèques dans le fond où s'empilaient des *National Geographic*, des livres de Stephen King, des jeux vidéo, des CD pêle-mêle. J'ai trouvé deux anciens numéros de *Biblical Archaeology Review* et *Aurélia* de Gérard de Nerval dans une collection de poche usée. Tout était bon marché à l'exception du tee-shirt avec la tête de Jerry, mais il valait le prix, son visage souriant fleurait bon l'amour chimique.

Une fois revenue dans ma chambre, j'ai été étonnée que quelqu'un ait déscotché mon diagramme du mur et l'ait roulé. J'ai étalé le tee-shirt de Jerry sur mon oreiller, me suis affalée dans le fauteuil, j'ai ouvert *Aurélia*, mais j'ai à peine dépassé la prometteuse première phrase. *Le rêve est une seconde vie*. Je me suis brièvement assoupie, happée dans un rêve de révolution, la française j'entends, avec de jeunes gars vêtus de chemises bouffantes et de hauts-de-chausses en cuir. Leur chef est ligoté à un lourd portail par des lanières en cuir. Un partisan s'approche de lui avec une torche, il la brandit bien droite et la flamme brûle les liens robustes. Le chef est libéré, il a les poignets noircis et enflés. Il appelle son cheval, puis me dit qu'il a monté un groupe baptisé Glitter Noun.

— Pourquoi Glitter ? je demande. Sparkle c'est mieux.

— Ouais mais Sparklehorse a déjà utilisé Sparkle.

— Pourquoi pas juste Noun, tout simplement ?

— Noun. Ça me plaît, dit le chef. Va pour Noun.

Il monte son appaloosa pommelé et grimace au moment où les rênes tombent sur ses poignets.

— Fais soigner ça, dis-je.

Il a des cheveux noirs ondulés et un œil vagabond. Il hoche la tête et s'en va, suivi de ses gars, vers les pampas lointaines, s'arrêtant pour prendre de l'eau dans un torrent tumultueux où les papiers de bonbons avec la faute d'orthographe tournoient dans le courant comme de petits poissons multicolores.

Je me suis réveillée brusquement et j'ai regardé l'heure, à peine un instant s'était écoulé. D'un geste distrait, j'ai pris un des magazines sur l'archéologie de la Bible. J'ai toujours aimé les lire, comme des émanations de digests d'histoires policières, toujours sur le point de découvrir un fragment araméen ou de retrouver les vestiges de l'arche de Noé. La couverture était assez tentante. *Mort en mer Morte ! Le roi Saül a-t-il été empalé sur la muraille de Beth Shéan ?* En fouillant dans ma mémoire, j'ai pu entendre retentir le mantra des femmes célébrant le retour de leurs hommes après les combats. *Saül a tué ses milliers et David ses dizaines de milliers.* J'ai cherché une bible des Gédéons dans le tiroir mais elle était en espagnol, et c'est alors que je me suis souvenue que Saül, ayant été blessé par une flèche ennemie, était délibérément tombé sur son épée, s'évitant l'humiliation que lui auraient value les moqueries et les tortures des Philistins.

J'ai inspecté ma chambre, en quête d'une autre diversion, puis j'ai pris ma couverture et suis retournée dans le patio, passant plusieurs minutes à examiner le papier de Peanut Chewz sans arriver à capter quoi que ce soit. J'avais le net sentiment que quelque chose allait se produire. Je craignais que ce ne soit un événement retentissant, quelque chose de brutal, ou pire, un pur non-événement. J'ai frissonné en pensant à Sandy.

Les heures se sont écoulées. Je suis sortie me promener, j'ai contourné l'hôtel et je suis passée devant une plaque en l'honneur de Jack O'Neill, le célèbre surfeur qui avait inventé une nouvelle sorte de combinaison de plongée. J'ai essayé de visualiser des surfeurs en puisant dans les vieux *Gidget*. Troy Donahue portait-il une combinaison de plongée ? Et Moondoggie ? Surfaient-ils vraiment, d'ailleurs ? J'ai pris soin de ne pas regarder l'enseigne du Dream Motel, lorsque soudain le vent s'est levé, les palmiers se sont mis à ployer, se balancer, et une arrogance modérée m'a assaillie :

Ayers Rock, Uluru

— On rêvasse, pas vrai ?

— Non, pas du tout, ai-je protesté. Pas de rêve. Pas de rêve. Rien n'a changé, il ne s'est rien passé du tout.

L'enseigne s'est vivement animée, m'accablant d'insinuations, de questions lourdes de sous-entendus, criblant mon esprit de numéros de téléphone obsolètes, demandant à savoir l'ordre des chansons sur certains albums, par exemple le titre qui précède *White Rabbit*, ou celui entre *Queen Jane Approximately* et *Just Like Tom Thumb's Blues*. C'était lequel, d'ailleurs ? Ah, *Ballad of a Thin Man*. Non, pas du tout, mais le fait d'y penser m'a remis en tête le refrain *something is happening, but you don't know what it is*. Sans doute encore juste une provocation de plus. Je ne sais comment, ce satané panneau était au courant de tout, mes allées et venues, le contenu de mes poches, y compris les papiers de bonbons, mon dollar d'argent de 1922 et un fragment de la peau rouge d'Ayers Rock, que je n'avais pas encore trouvé sur un sentier d'Uluru, où je n'avais pas encore mis les pieds.

— Quand est-ce que tu pars ? C'est un très long vol, tu sais.

— Où ça, qu'est-ce que tu veux dire ? Je ne vais nulle part, ai-je répondu d'un ton suffisant, m'efforçant de dissimuler toute pensée de voyage futur, mais le grand monolithe implacablement couronné a émergé à la surface de ma mer mentale, tel un sous-marin ivre.

— Tu vas y aller ! Je le vois ! C'est écrit sur le mur. De la poussière rouge partout. Il suffit de lire les signes.

— Comment peux-tu savoir ça ? ai-je demandé, complètement exaspérée.

— Simple question de non-sens, a répliqué l'enseigne. Et je t'en prie ! Uluru ! C'est la capitale mondiale du rêve. Évidemment que tu vas y aller !

Un couple d'amoureux est passé et immédiatement l'enseigne est redevenue une simple enseigne, muette et inattaquable. Je suis restée debout devant elle, à évaluer la situation. Le problème quand on rêve, me disais-je, c'est qu'on peut être attiré dans une énigme pas du tout mystérieuse, occasionnant des observations absurdes et des discours ne menant à aucune conclusion fondée sur la réalité. Tout cela ne me rappelait que trop les labyrinthiques échanges entre Alice et le Chapelier fou.

D'un autre côté, l'enseigne avait capté mon désir ô combien réel de voyager au cœur de la nature sauvage australienne pour voir Ayers Rock. Sam Shepard évoquait souvent son périple en solitaire à Uluru, il disait qu'un jour nous pourrions y aller ensemble, nous attarder dans des villes frontières, rouler dans l'arrière-pays, longer les confins des plaines piquetées de spinifex. Mais Sam avait été frappé par la maladie de Charcot, et les défis physiques qui se présentaient à lui étaient de plus en plus durs à relever, tous les projets lancés tombaient à l'eau. Je me demandais si le destin, par la voix de l'enseigne, suggérait la possibilité que je puisse tout de même voir le grand monolithe rouge par moi-même, emmenant bien sûr Sam avec moi, niché dans un secteur non cartographié de mon être.

Il était temps de trouver quelque chose à manger. J'ai évité l'embarcadère bouillonnant d'activité et marché sans but dans de petites rues transversales, pour m'arrêter devant le Las Palmas Taco Bar. J'avais beau n'y avoir jamais mis les pieds, l'endroit me semblait néanmoins familier. Je me suis assise dans le fond et j'ai commandé des haricots noirs et des tacos au poisson. Le café avait un arrière-goût de chocolat aztèque. Incontestablement un truc à la Sandy. Était-il possible que ce soit son restaurant de tacos secret ? J'avais l'impression que quelque chose dirigeait mes mouvements en apparence improvisés. J'ai bu une deuxième tasse, lentement, commençant à me sentir irrationnellement attachée au périmètre du Dream Motel. Je ferais bien de partir d'ici, me suis-je dit, sinon je vais finir comme un soldat de *La montagne magique*, qui gravit une colline et ne redescend jamais. J'ai fermé les yeux, me suis représenté ma chambre, j'ai vu la baie vitrée s'ouvrir sur la clameur des vagues, dissimulées par un muret, un simple muret en ciment, peut-être blanchi à la chaux, à moins que du ciment puisse être blanc.

— Le ciment peut être de n'importe quelle couleur, bon sang. Question de pigments. De pigments.

Cette satanée enseigne m'avait-elle suivie jusqu'à Front Street ?

— Tu as dit piment ? ai-je chuchoté. Drôle de suggestion gastronomique, au bord de la mer. Tu ferais mieux de me parler d'une assiette de la mer, avec maquereau et un peu de cette inévitable salade de chou cru, un plat que je n'ai jamais apprécié.

— La salade de chou cru n'est pas un plat, c'est une garniture. Et j'ai dit PIGMENTS et non pas piment.

Refusant toute communication supplémentaire, j'ai englouti mon café, réglé ce que je devais et je me suis empressée de rentrer. J'avais deux mots à dire à cette enseigne.

— Tu m'as l'air un brin irritée, ai-je dit, reprenant le dessus.

L'enseigne a fait la moue.

— Et puis, tu m'as l'air bien pâle. Tu aurais bien besoin d'un coup de pigments toi aussi, peut-être une petite couche de bleu céruléen pour redonner un peu de couleur à ta pauvre étoile.

— Hum. Je pourrais te dire une chose ou deux sur les pigments, a rétorqué l'enseigne ; par exemple, la couleur secrète de l'eau, et où l'on peut trouver son pigment, à plusieurs lieues sous terre où il n'y a pas d'eau du tout.

J'avais à l'évidence touché un point sensible, car j'ai soudain été prise dans un tourbillon de vent translucide. Un fracas sous mes pieds et un gouffre s'est ouvert. Je suis tombée à genoux et j'ai vu un dédale de caves abritant des monticules de pierres précieuses, un bric-à-brac doré et des rouleaux de parchemin. C'était le merveilleux monde souterrain que j'imaginais enfant, avec ses elfes, ses gnomes et les cavernes d'Ali Baba. J'étais emplie de joie que de telles choses existent vraiment. Une joie promptement suivie de remords. Un nuage têtu a cessé d'obstruer le soleil et le froid de l'air est devenu moins âpre, puis tout est revenu à la normale. Je me tenais devant ma digne opposante, dans l'attente d'être châtiée.

— Il y a de nombreuses vérités et il y a de nombreux mondes, a proclamé l'enseigne avec solennité.

— Oui, ai-je répondu, me sentant toute petite. Et puis tu avais raison. J'ai effectivement rêvé, j'ai fait beaucoup de rêves, et c'étaient bien plus que des rêves, comme engendrés par l'aube de l'esprit. Oui, absolument, j'ai rêvé.

L'enseigne est devenue tout à fait silencieuse. Les palmiers ont cessé de ployer, et un doux silence a enveloppé la colline.

Assise sous les lettres géantes qui formaient le mot *coffee*, j'ai fait la connaissance d'un couple qui descendait en voiture à San Diego. J'ai pris cela comme un signe de bon augure. Un trajet de huit heures, je pouvais me joindre à eux pour quatre-vingt-cinq dollars. Nous sommes convenus de nous retrouver au matin. Seule condition, ne pas parler. Je me suis empressée d'accepter, sans avoir véritablement un avis sur cette condition.

Ce soir-là, malgré le froid, j'ai marché sur le quai de Santa Cruz, la plus longue jetée en bois d'Amérique, huit cents mètres de long. Elle avait servi jadis à acheminer les pommes de terre de San Francisco aux campements des exploitations minières de la sierra Nevada, à l'époque de la ruée vers l'or. Bien qu'habituellement animé, l'embarcadère était à présent quasi désert, pas âme qui vive, pas d'avion dans le ciel, pas de bateaux en vue, juste les grognements et la respiration bruyante des otaries endormies. J'ai appelé Lenny pour lui dire que je ne rentrerais pas avant un certain temps. Le cœur gros, nous avons parlé de Sandy. Nous nous connaissions tous depuis si longtemps. Nous nous étions connus en 1971 après ma première performance de poésie, Lenny m'accompagnait alors à la guitare électrique. Sandy Pearlman était assis en tailleur à même le sol dans l'église St. Mark, vêtu de cuir, à la Jim Morrison. J'avais lu son livre *Excerpts from the History of Los Angeles*, un des plus beaux textes sur l'histoire du rock. Après la performance, il m'avait dit que je ferais bien d'être chanteuse d'un groupe de rock'n'roll mais je m'étais contentée d'éclater de rire, je lui avais répondu que j'avais déjà un bon boulot dans une librairie. Il avait enchaîné en citant Cerbère, le gardien des Enfers, me conseillant de me plonger dans son histoire.

— Pas juste l'histoire d'un chien, mais l'histoire d'une idée, avait-il dit en me décochant son sourire aux dents extrêmement blanches.

Je l'avais trouvé arrogant, mais de manière séduisante, toutefois son idée que je sois chanteuse d'un groupe de rock, bien qu'improbable, était également intrigante. À l'époque, je fréquentais Sam Shepard, à qui j'avais rapporté ce que Sandy m'avait dit. Sam m'avait juste regardée avec intensité avant d'affirmer que je pouvais entreprendre tout ce que je voulais. Nous étions jeunes alors, et l'idée générale était que rien ne nous était impossible.

Sandy à présent sans connaissance aux soins intensifs de l'hôpital du comté de Marin. Sam entamant la phase croissante de son affliction. Je ressentais une attraction cosmique dans de multiples directions et me demandais si un champ de forces particulier ne protégeait pas d'un autre champ, un champ avec un petit verger en son cœur, lourd d'un fruit contenant un noyau impénétrable.

Au matin, j'ai retrouvé le couple au bout de la rue. On ne pouvait vraiment pas dire qu'ils n'étaient pas antipathiques. Il a fallu que je verse mon café à l'extérieur, près du rebord du trottoir, pour ne pas en faire tomber une goutte à l'intérieur, puis que je paye à l'avance, afin qu'ils m'autorisent à monter dans la voiture, qui était plutôt déglinguée. Le plancher était jonché de bombes aérosols antimoustiques et de Tupperware envahis de moisissures, et on aurait dit que les sièges en cuir avaient été éventrés avec un couteau cranté. Diverses scènes de crime m'ont traversé l'esprit, mais la musique qu'ils passaient était épatante, des morceaux que je n'avais pas écoutés depuis des décennies. Après le sixième titre, *Butterfly* de Charlie Gracie, ça a été plus fort que moi.

— Quelle playlist géniale, me suis-je exclamée.

À mon grand étonnement, ils se sont soudain arrêtés sur le bas-côté. Le type est sorti et a ouvert ma portière en m'adressant un signe de tête.

— On avait dit qu'on ne parlait pas. C'est la règle cardinale.

— S'il vous plaît, accordez-moi encore une chance, ai-je supplié.

À contrecœur, le type a redémarré et nous sommes repartis. J'ai voulu demander s'il était autorisé de chanter en même temps que les chansons ou de pousser un soupir enthousiaste quand une chanson vraiment excellente commençait, même si, jusqu'à maintenant, elles avaient toutes été excellentes, de l'extrêmement dansable au mystique obscur. *Oh Donna. Summertime. Greetings (This Is Uncle Sam). My Hero. Endless Sleep.* Je me suis demandé s'ils étaient de Philly, la ville des oldies, c'était ce genre de musique. J'ai observé un silence respectueux, chantant dans ma tête, ramenée aux bals adolescents et à un garçon qui s'appelait Butchy Magic, un Italien blond des quartiers sud de Philadelphie qui parlait peu mais se baladait avec un cran d'arrêt, prenant ses distances avec ses devoirs scolaires pour se diriger vers les rêves et se loger dans les replis d'un jeune cœur encore à prendre.

Quand nous nous sommes arrêtés pour prendre de l'essence, j'ai pris mon sac et suis allée aux toilettes, je me suis débarbouillée, me suis lavé les dents, j'ai pris un café à emporter et suis calmement revenue dans un silence absolu, juste à temps pour les voir décamper sur les chapeaux de roue, tout droit vers l'horizon des chansons oubliées du rhythm'n'blues. Non mais bon sang ! Ah, bah, d'accord. *My Hero*, me suis-je écriée. C'était génial ! Qui est-ce qui passe des morceaux comme *Endless Sleep* ou *Greetings This Is Uncle Sam* ? Je suis restée là à dresser à voix haute l'inventaire de toutes ces chansons géniales que j'avais savourées en silence.

Un gardien chargé de la sécurité s'est approché.

— Est-ce que tout va bien, mademoiselle ?

— Oh, ouais, désolée. Je viens juste de louper la voiture qui m'emmenait à San Diego.

— Hmmm. Ma belle-fille descend sur San Diego. Je suis sûr que si vous acceptez de partager le prix de l'essence, elle vous emmènera.

Elle s'appelait Cammy et elle avait une Lexus. J'ai pris place à l'avant. La banquette arrière était envahie de caisses portant l'inscription *Conserves* et quelques-unes marquées *Avon*.

— Tout le coffre est rempli de bocaux, a-t-elle dit. C'est pour une amie qui tient un restaurant bio. Je lui prépare plein de conserves. Oignons, tomates, concombres, maïs nain. Elle vend tout ça dans son restaurant. Et puis j'ai une belle commande pour mes condiments dans un restau spécialisé dans les hot dogs gastronomiques.

Cammy roulait vite, ce qui ne me posait aucun problème. Elle parlait vite aussi, changeait de station de radio tout en parlant, et puis soudain entamait une nouvelle conversation avec la voix désincarnée de l'animateur. Elle avait de tout petits écouteurs dans les oreilles et un deuxième téléphone en train de charger. Cammy parlait non-stop. Elle posait une question, puis y répondait sans attendre. J'ai à peine pu en placer une. Encore du silence, mais c'était un silence d'une autre sorte. J'ai fini par lui demander si elle avait entendu parler des papiers de bonbons qui jonchaient la plage près de l'embarcadère d'Ocean Beach.

— Sans blague, a-t-elle dit, c'est super bizarre, il s'est passé la même chose à Redondo Beach, mais pas sur la plage, en fait, au fond d'une usine à gaz. Il y en avait des centaines, voire des milliers. Dingue, hein ?

— Ouais, ai-je dit, même si ça ne me semblait pas dingue : ça semblait tactique.

— Vous avez entendu parler des enfants disparus ?

— Non, ai-je répondu.

Son téléphone a sonné, et elle a débité des informations concernant des commandes, sans aucun doute en rapport avec son empire de la conserve.

— Le monde entier perd la boule, a-t-elle poursuivi. J'étais dans le Queens au printemps dernier et les azalées de ma sœur ont fleuri des semaines en avance. Et puis d'un coup, sans prévenir, il a gelé, et elles sont toutes mortes. Je veux dire, vous pouvez protéger vos plantes avec de la toile de jute si vous êtes prévenu, mais tout s'est passé du jour au lendemain. Toutes ces fleurs mortes, elle en avait le cœur brisé. Et les écureuils dans Central Park – vous êtes au courant ? Il faisait tellement chaud qu'ils sont sortis de leur hibernation, complètement chamboulés, et ensuite il s'est mis à neiger en avril, à Pâques, carrément. De la neige à Pâques ! Dix jours plus tard, les gars qui ramassent les détritus avec leurs longs pics les ont retrouvés. Il y en avait des dizaines,

WOW Café, embarcadère d'Ocean Beach

des bébés écureuils et leurs mamans, morts gelés. C'est dingue, je vous dis. Le monde entier perd la boule.

Cammy m'a déposée sur Newport Avenue, près de l'embarcadère d'Ocean Beach, je lui ai donné un billet de cinquante, elle m'a adressé un clin d'œil et a décollé. J'ai pris une chambre au vieil hôtel San Vicente, qui n'avait pas beaucoup changé au fil des décennies, hormis de nom. J'étais contente d'être revenue dans la même chambre, au premier étage. J'avais jadis imaginé vivre dans cette chambre, plongée dans l'obscurité, à écrire des romans policiers. J'ai ouvert la fenêtre et contemplé l'embarcadère de pêche tout en longueur avec son café solitaire, une vision qui m'a emplie de la douleur d'une nostalgie bienvenue. Il y avait un peu de vent et le son des vagues semblait amplifier l'appel d'un ailleurs, plus surréel que réel.

J'ai lavé mes habits sales dans le lavabo et les ai suspendus dans la douche, j'ai ensuite pris ma veste et ma casquette et suis allée faire un petit tour sur la plage. Tout en fouinant dans les alentours, je me suis souvenue que Cammy n'avait pas fini de me parler de son histoire d'enfants disparus. En tout cas, il n'y avait pas trace ici d'une invasion de papiers de bonbons, rien d'inhabituel. J'ai marché sur l'embarcadère jusqu'au WOW Café. Au loin, j'ai aperçu un pélican perché en haut du parapet donnant sur la mer, là où *café* était écrit en énormes lettres bleues. Encore une vision qui m'a emplie d'un bien-être familier. Les gens qui font le café ici sont en contact avec Dieu. Leur café ne vient pas de quelque part, les grains ne proviennent pas de Kona, du Costa Rica ou des plantations arabes. C'est juste du café.

Le WOW était étonnamment plein, alors je me suis assise au bout de la table commune, dominée par deux types qui se sont présentés sous les noms de Jesús et Ernest, et une fille du genre pin-up blonde qui est demeurée sans nom. Jesús était de Santiago.

Ernest, je ne pouvais pas dire, peut-être mexicain, mais peut-être russe ; ses yeux ne cessaient de changer, comme ces bagues dont la teinte varie au gré des humeurs, du gris pur jusqu'au chocolat.

Je me suis trouvée happée par leur conversation, qui portait sur une série de crimes atroces, mais après avoir reconnu quelques éléments clés, je me suis rendu compte qu'ils se demandaient en fait si les meurtres du Sonora dans *La partie des crimes*, une section de *2666*, le chef-d'œuvre de Roberto Bolaño, étaient réels ou fictifs. Arrivés à une impasse, ils se sont tournés vers moi, attendant mon avis ; après tout, cela faisait plusieurs minutes que j'épiais leur conversation. Ayant lu et relu le livre, j'ai dit qu'en toute probabilité les meurtres étaient réels et que les filles qu'il décrivait étaient inspirées de filles réelles, même si elles n'étaient pas nécessairement les vraies. J'ai mentionné avoir entendu dire que Bolaño avait pu obtenir un dossier concernant les meurtres de plusieurs jeunes filles au Sonora grâce à un policier à la retraite.

— Ouais, j'en ai aussi entendu parler, a dit Ernest, mais personne ne peut confirmer que l'histoire qui a circulé à propos du policier est vraie, ou inventée pour donner de la crédibilité à un rapport de police imaginé.

— C'étaient peut-être des descriptions exactes du rapport de police mais leurs noms ont été changés, a dit Jesús.

— Bon, d'accord, disons qu'elles étaient réelles, est-ce que le fait qu'elles aient été intégrées par Bolaño dans une œuvre de fiction les rend fictionnelles ? a demandé Ernest, me regardant de ses yeux changeants.

J'avais une réponse potentielle mais je n'ai rien dit. Je me demandais ce qui arrivait aux personnages des livres dont le sort reste en suspens pour cause de décès de l'écrivain. La discussion s'est étiolée et j'ai commandé une soupe de palourdes et du pain brioché. Au dos du menu était présentée l'histoire du café. WOW faisait référence à *walking on water*, marcher sur l'eau. J'ai songé à des miracles, à Sandy toujours sans connaissance. Pourquoi étais-je partie ? J'avais envisagé de rester à proximité de l'hôpital, de veiller sur lui, d'espérer un miracle, mais j'en avais décidé autrement, redoutant les couloirs faussement antiseptiques et les zones bactériennes invisibles, qui déclenchent un instinct de survie et l'envie irrépressible de s'enfuir.

Jesús et Ernest avaient repris le rythme de leur conversation, parlant en même temps, passant parfois à l'espagnol, et j'ai loupé le moment où la discussion en est venue à la section introductive de *2666*, *La partie des critiques*. Ils évoquaient en particulier les rêves des critiques. Un rêve de piscine infinie et sinistre et un autre d'une masse d'eau vive.

— L'auteur doit si bien connaître ses personnages qu'il doit pouvoir accéder au contenu de leurs rêves, disait Ernest.

— Qui crée les rêves ? a demandé Jesús.

— Eh bien, qui donc, si ce n'est l'auteur ?

— Mais est-ce l'auteur qui crée leurs rêves ou est-ce qu'il capte les vrais rêves de ses personnages ?

— Tout est histoire de transparence, a dit Ernest. Il voit à travers leurs crânes quand ils dorment. Comme s'ils étaient en cristal.

La blonde a cessé de picorer sa salade de chou cru et a tiré un paquet de cigarettes de son sac à main. On aurait dit des cigarettes étrangères, un paquet blanc avec les mots *Philip Morris* estampillés en rouge. Elle a placé le paquet sur la table, à côté d'un téléphone à clapet.

— Encore plus impressionnant, son usage peu orthodoxe des espaces, a-t-elle dit en avalant profondément la fumée. *L'eau était vivante*, écrit-il, et ensuite il saute plusieurs lignes. Le lecteur est abandonné au milieu d'un long bassin sombre et interminable sans même une chambre à air.

Nous l'avons tous dévisagée, déconcertés. Soudain elle paraissait bien plus avancée que nous tous. Je n'avais plus faim. Qui était-elle pour évoquer un saut de lignes et donc mettre un terme à une conversation ?

C'était le bon moment pour sortir prendre l'air. J'ai marché jusqu'au bout de la jetée, me figurant Sandy avec sa casquette de base-ball, s'arrêtant sur un parking dans son minivan blanc d'intellectuel accumulateur, rempli de tas de livres, de dossiers, de pièces détachées d'amplificateurs et d'ordinateurs obsolètes. Dans sa jeunesse, il avait une voiture de sport et nous traversions Central Park, nous arrêtant au Papaya King, ou poursuivant jusqu'à la pointe de Manhattan. À un moment donné, il avait changé pour son minivan blanc, et dans les années quatre-vingt-dix, après un concert à Portland, nous avions roulé jusqu'à Ashland pour assister à une version moderne de *Coriolan* au festival Shakespeare de l'Oregon. Sandy adorait Shakespeare, en particulier *Le Songe d'une nuit d'été*. Le concept de la métamorphose d'hommes en ânes le fascinait. Je lui avais dit que Carlo Collodi transformait malicieusement les vilains garçons en ânes dans *Pinocchio*. Mais le Barde l'a fait en premier, avait-il rétorqué d'un air triomphant.

Pendant un certain temps, nous avions envisagé de composer un opéra inspiré de Médée. Non pas un opéra traditionnel qui aurait nécessité des chanteurs ayant fait cela toute leur vie, mais néanmoins un opéra. Il voulait que je sois Médée. Je lui avais répondu que j'étais trop vieille pour ce rôle, mais Sandy avait dit que Médée avait juste besoin d'être formidable, et que j'étais plus que capable de négocier le regard noir de son miroir brisé.

— Des éclats d'amour, Patti, disait-il. Des éclats d'amour.

Nous discutions sans fin de choses comme ça tard le soir, en quête d'un endroit où il pourrait trouver une part de cheese-cake. Notre *Médée*. Je me demandais si nous l'écririons un jour. Mais en fait je me dis que, d'une certaine manière, nous l'avions écrit, dans ce minivan, sous les étoiles qui se déplaçaient au-dessus de nos têtes.

À la table, rien n'avait changé, même si le sujet était maintenant les courses de chiens. La blonde avait un ex-fiancé qui possédait pas moins de trois champions à St. Petersburg.

— Ils ont des courses de chiens en Russie ?

— Non, en Floride, bon sang.

— On devrait y aller. Vous pouvez prendre un bus Greyhound de Burbank à Tampa.

— Ouais, avec au moins trois changements. Mais ils sont en train de tout fermer, c'est ce que j'ai entendu dire. C'est une mauvaise nouvelle pour les chiens, des meutes entières de lévriers hautement qualifiés vont se retrouver au chômage.

— Il n'y a pas de chômage pour les chiens de course.

— Ils les tueront.

Elle s'est tamponné les paupières avec une serviette en papier imbibée chaude pour enlever la colle de ses cils excessivement longs.

— Tu pourrais tuer quelqu'un avec ces cils.

La blonde s'est soudain levée. Finalement, c'était vraiment quelqu'un, une petite maligne, avec les courbes d'une Jayne Mansfield.

Jesús et la blonde sont partis. Ernest a empoché le mouchoir roulé en boule dans lequel se trouvaient les cils. Il semblait avoir une idée en tête. Il est resté assis là quelques minutes, à faire tourner une pièce de dix cents sur la tranche, puis s'est levé et est parti.

J'avais l'impression très étrange qu'Ernest n'était pas vraiment un inconnu mais je n'arrivais pas à le remettre. Je suis restée à la merci de pensées qui ne valaient pas un sou jusqu'au coucher du soleil. L'heure de la fermeture pour le WOW qui n'avait jamais été un café nocturne.

La lumière du matin striait le fin dessus-de-lit. L'espace d'un instant, je me suis crue revenue au Dream Motel. J'avais faim et je me suis dépêchée de descendre l'escalier, suis passée devant des gamins qui jouaient au ballon sur la plage et me suis traînée sur toute la longueur de la jetée jusqu'au WOW. J'ai commandé des œufs au plat et des haricots, et à ma deuxième tasse de café j'avais bien avancé dans *Meurtre au Savoy*, un roman mettant en scène l'inspecteur Martin Beck. Ernest était entré silencieux comme un mocassin et s'était installé face à moi.

— *Le policier qui rit* est mieux, a-t-il dit.

— Ouais, ai-je dit, étonnée de le voir, mais je l'ai déjà lu deux fois.

Nous sommes restés à discuter un moment. Je n'ai pu m'empêcher de m'émerveiller de l'aisance avec laquelle nous parvenions à passer d'un sujet obscur à un autre, des auteurs de romans policiers suédois à la météo extrême.

— Qu'est-ce que vous dites de ça ? a-t-il demandé.

Une coupure de journal jaunie datée de 2006. *L'ouragan Ernesto déterre les morts*. Une photo d'un cimetière dont les tombes étaient retournées.

— C'était en Virginie ?

— C'est arrivé sur une île au large de la côte de Virginie. Même nom que moi.

— L'île ?

— Non. L'ouragan.

Il a soigneusement replié la coupure et l'a glissée dans un portefeuille en peau de serpent élimée lorsqu'une petite photo noir et blanc en est tombée. J'ai pu distinguer une femme en robe foncée à motifs fleuris avec un petit garçon. J'ai eu envie de l'interroger à propos de la photo, mais il a soudain paru mal à l'aise. Au lieu de ça, je lui ai parlé du rêve que j'avais fait à Santa Cruz, les papiers de bonbons qui n'étaient pas de la bonne couleur, les feux de joie au crépuscule et l'impression enveloppante d'un étrange calme chimique.

— Certains rêves ne sont pas du tout des rêves, juste la réalité physique sous un autre angle.

— Comment devrais-je interpréter cela ? ai-je demandé.

— Le truc à propos des rêves, a dit Ernest, c'est que les équations sont résolues d'une manière totalement unique, le linge se raidit au vent et nos mères mortes apparaissent le dos tourné.

Je me suis contentée de le dévisager, me demandant à qui il me faisait penser.

— Écoutez, a-t-il continué à voix basse, les feux de joie n'ont pas encore eu lieu. Vous les verrez plus tard sur la plage, au moment exact du crépuscule.

Le ciel était couvert, baigné d'une clarté étrange et illogique. J'ai essayé de calculer l'heure exacte du crépuscule. En temps normal, j'aurais regardé sur mon téléphone, mais il était à plat. Au retour, j'ai enlevé mes bottes et marché pieds nus dans l'eau glaciale. N'étant pas nageuse, je n'irais guère plus loin. J'ai pensé à Sandy. J'ai pensé à Sam. J'ai pensé à Roberto Bolaño, âgé de seulement cinquante ans, agonisant dans un hôpital et non pas dans une grotte sur une côte sauvage, dans un appartement à Berlin ou dans son lit.

Attendant avec impatience l'heure indiquée par Ernest, je suis restée dans les parages. Tout l'après-midi, assise à la petite table à jouer près de la fenêtre de l'hôtel. Il y avait une photo de ma fille entre les pages de mon carnet. Elle souriait et semblait pourtant au bord des larmes. J'écrivais sur des inconnus, des enseignes mais pas sur mes enfants, et pourtant ils étaient toujours présents. Le soleil était à son zénith. Je sentais que je capitulais, attirée par leur abstraite tranquillité.

Je me suis réveillée en sursaut. Je n'y croyais pas, je m'étais encore assoupie, assise à une table de jeu, pas moins. J'ai vite déplié la planche à repasser, une planche portative avec une housse en toile enduite jaune, j'ai déroulé le bas humide de mon pantalon, secoué le sable resté dans les plis et l'ai séché au fer, puis je me suis hâtée de descendre les escaliers et suis allée sur la plage. Déjà le crépuscule, mais je me suis dit qu'Ernest serait encore là. Toutefois j'avais peut-être dormi plus longtemps que je ne l'avais cru, car manifestement j'avais loupé le coche, il n'y avait personne alentour, juste une longue rangée de petits feux qui couvaient. Je me suis momentanément sentie nauséeuse, j'avais l'impression d'avoir inhalé la fumée des morts.

Deux agents de sécurité sont soudain apparus, m'accusant d'avoir démarré des feux de joie alors que c'était interdit. Je me suis retrouvée à bafouiller, incapable de répondre à leurs questions. Je ne sais pourquoi, je ne me souvenais plus de ce que je fabriquais ici, pas juste la scène des feux, mais pourquoi j'étais initialement venue ici. Je donnais des coups de griffe dans la brume. Sandy était à l'hôpital. Nous devions aller au Dream Motel pour écrire un segment de notre *Médée*, la partie où elle entre en transe et se propulse dans le futur, vêtue d'un caftan noir avec des rangées de lourdes perles ambrées sculptées de têtes d'oiseaux sacrés.

— C'est un opéra, leur disais-je, Médée ôte ses sandales et marche sur les vestiges encore fumants des feux, l'un après l'autre, sans une trace d'émotion.

J'aurais voulu pouvoir vivre là un certain temps

Ils semblaient tout aussi perplexes que moi. Je faisais piètre impression, mais j'étais incapable de trouver mieux. Ils m'ont donné un avertissement, m'ont sermonnée sur le protocole en vigueur sur la plage, le règlement et les amendes. Je me suis empressée de retourner dans ma chambre, prenant soin de ne pas regarder derrière moi. C'était Ernest qui m'avait parlé des feux de joie, d'un rendez-vous au crépuscule. Je savais cela. Pourquoi ne le leur avais-je pas dit ? J'ai commencé à penser qu'il avait conçu une sorte de déclic verbal qui fermait temporairement un portail. Le portail permettant d'accéder à lui, j'entends. Un dispositif assez efficace, me suis-je dit, mais aussi assez délicat si on ne s'en servait pas correctement. J'ai essayé de réfléchir à ce qu'en serait un usage impropre, mais c'était bien trop tiré par les cheveux. Tu es en plein rêve, ai-je songé, contemplant le long embarcadère qui apparaissait en ombre chinoise au clair de lune. Au même instant, en un flash, je voyais l'enseigne, au sommet de la colline, enveloppée d'une moustiquaire noire.

Matin. Premières lueurs, la lune déclinante encore visible. Le reste de mes vêtements avait séché, alors je les ai repliés, puis me suis assise près de la fenêtre et j'ai terminé *Meurtre au Savoy*. Sur la fin, la veuve du flic tué dans *Le policier qui rit* couche avec l'inspecteur Martin Beck dans un hôtel à Stockholm, ce que je n'avais pas du tout vu venir. De l'autre côté de la route, des mouettes se chamaillaient pour les restes d'un sandwich ; il n'y avait pas trace de feux de joie sur la plage.

Revenue au WOW, j'ai décidé de tirer un trait sur toute cette histoire de feux de joie et j'ai commandé un café et un toast à la cannelle. L'endroit était relativement désert et j'ai éprouvé un sentiment de confort, l'impression d'être chez moi. J'aurais voulu pouvoir vivre là un certain temps, au WOW, dans la pièce du fond, sans rien d'autre qu'un simple lit de camp, une table pour écrire,

Gare routière Greyhound, Burbank

un vieux réfrigérateur et un ventilateur au plafond. Chaque matin je me ferais mon café dans une casserole en fer-blanc, me préparerais des haricots et des œufs, je lirais les nouvelles dans le bulletin local. Juste passer d'une zone à l'autre. Pas de règles. Pas de changement. Sauf que tout finit par changer. Ainsi va le monde. Des cycles de mort et de résurrection, mais pas toujours comme nous l'imaginons. Par exemple, nous pourrions tous ressusciter sous une forme bien différente, vêtus d'habits dans lesquels, même morts, jamais on ne nous aurait vus.

Relevant la tête du trou à l'intérieur duquel j'avais l'impression de brûler, j'ai remarqué Ernest parlant à Jesús, qui semblait extrêmement agité. Ernest a posé la main sur l'épaule de son ami qui s'est calmé puis s'est signé avant de partir de manière abrupte. Ernest s'est assis et m'a mise au courant. Jesús et la blonde se rendaient à la gare routière Greyhound dans le centre de Los Angeles : deux jours et dix-neuf heures de bus jusqu'à Miami, puis une voiture de location jusqu'à St. Petersburg.

— Jesús n'avait pas l'air dans son assiette.

— Muriel a beaucoup de bagages.

La blonde avait donc un nom.

— Vous lui avez rendu ses cils ? ai-je demandé.

— Une mouette est descendue en piqué et les a emportés, maintenant ils font sûrement partie d'un nid.

J'ai évité son regard, pour ne pas le prendre en flagrant délit de mensonge. Avec mon troisième œil, je les voyais assez clairement sans le moindre effort, enveloppés dans le même mouchoir en papier roulé en boule, sur un vieux bureau, sous un tableau figurant un phare englouti dans une brume médiocrement réalisée. J'ai remarqué le livre qu'il avait posé sur la table, le *Traité du triangle arithmétique* de Pascal.

— Vous lisez ça ? ai-je demandé.

— On ne lit pas les livres comme ça, on les absorbe.

Je comprenais parfaitement ce qu'il entendait par là, et j'étais certaine qu'il avait prévu toute une série de digressions, uniquement pour me détourner du sujet des feux de joie, mais j'ai spontanément lancé ma propre ligne, juste pour modifier la perspective.

— Vous savez, j'ai été à Blanes, il y a quelques années.

Il m'a regardée d'un air interrogateur : de toute évidence il ne voyait pas où je voulais en venir.

— Blanes ?

— Ouais. C'est une ville de bord de mer, style années soixante, en Catalogne, où Bolaño a vécu jusqu'à sa mort. C'est là qu'il a écrit *2666*.

Ernest est soudain devenu très sérieux. Son amour pour Roberto Bolaño était presque tangible.

— C'est dur d'imaginer ce que ça a dû être pour lui, la course vers la ligne d'arrivée. Il a atteint un niveau auquel peu accèdent, comme Faulkner, Proust ou Stephen King, la capacité d'écrire en même temps qu'il pense. La pratique quotidienne, il appelait ça.

— La pratique quotidienne, ai-je répété.

— Il l'a expliqué dans les premières pages du *Troisième Reich*. Vous l'avez lu ?

— Je me suis arrêtée à la moitié, ça me mettait mal à l'aise.

— Pourquoi ? a-t-il demandé en se penchant en avant. Vous pensiez qu'il allait se passer quoi ?

— Je ne sais pas, quelque chose de moche, quelque chose né d'un malentendu sur le point de dégénérer, comme dans *Le prince et le pauvre*.

— Vous parlez d'effroi, là.

— Oui, je crois bien.

Il a jeté un œil à mon calepin ouvert.

— Est-ce que votre écriture évoque ça ? Ce malaise ?

— Non. Sauf peut-être un malaise comique.

— *Le Troisième Reich*. C'est juste le nom d'un jeu de stratégie. Il était obsédé par ça. Ce n'était qu'un jeu.

— Ouais, j'imagine. Vous savez, je les ai vus, ses jeux.

Ernest s'est illuminé comme un flipper quand tout se passe bien pour le joueur.

— Vous les avez vus ? Les jeux de Bolaño !

— Oui, quand j'étais à Blanes, j'ai rendu visite à sa famille. Les jeux étaient sur une étagère dans un placard. J'ai pris une photo, mais je n'aurais peut-être pas dû.

— Je peux voir la photo ? a-t-il demandé.

— Bien sûr, ai-je dit. Elle est à vous, mais ça va peut-être me prendre du temps de la retrouver.

Il a récupéré son livre, celui à la couverture rouge et jaune arborant un triangle. Il a dit qu'il fallait qu'il aille quelque part, un endroit important. Il a écrit une adresse au dos d'une serviette en papier. Nous nous sommes donné rendez-vous le lendemain après-midi.

— Et n'oubliez pas la photo.

Te Mana Café Voltaire Street. deux heures. J'ai replié la serviette et, d'un geste, commandé un autre café. Je m'étais un peu avancée en lui promettant la photo alors qu'elle était en fait quelque part à Manhattan et que je n'avais pas la moindre idée de l'endroit où je l'avais mise, du livre dans lequel elle avait pu se glisser, du carton de rangement dans lequel j'avais pu la fourrer parmi des centaines de photos sans importance. Des Polaroid en noir et blanc de rues, d'architecture, des façades d'hôtels dont je pensais me souvenir éternellement et qui pourtant étaient désormais impossibles à identifier.

Je ne l'avais pas dit à Ernest, mais en vérité je m'étais sentie mal en tombant accidentellement sur les jeux de Bolaño. Pas malade, mais une sensation de malaise à cause d'une fracture temporelle. L'étagère du placard avait contenu un monde d'énergie, l'intensité jadis investie dans ces jeux empilés encore puissante, se manifestant comme un sens hyperobjectivé, observant chaque geste que je faisais.

L'après-midi a lentement cédé la place au soir. La lune s'est levée, presque pleine, affectant mes repères. Je me suis assise sur le muret en ciment, j'ai regardé au loin les lumières du WOW qui s'éteignaient. Comme en guise de réponse, les étoiles se sont allumées les unes après les autres, distantes et toujours présentes. Il m'est soudain apparu qu'il n'était pas vraiment nécessaire que je sois à l'hôpital avec Sandy. Au cours des vingt dernières années nous avions vécu sur des côtes opposées, en maintenant les canaux de communication ouverts, faisant confiance au pouvoir qu'a l'esprit de traverser cinq mille kilomètres. Pourquoi devrait-il en être autrement ? Je pouvais être à son chevet où que je sois, à composer une autre sorte de berceuse, une berceuse qui s'insinuerait dans le sommeil, qui le réveillerait.

Comme promis, j'ai retrouvé Ernest sur Voltaire Street, dans un restau sympa de style hawaïen qui servait du porc braisé et des smoothies avec de petites ombrelles. Il est arrivé en retard, déjà au milieu d'une phrase dans une conversation à sens unique, légèrement débraillé, un bouton de chemise défait. Ernest a commandé deux cafés à la cubaine et, tout excité, m'a entretenue de ce qu'il avait en tête, en gros il faisait ses valises et s'en allait, emboîtant le pas à un saint qui venait en aide à des enfants défavorisés souffrant de maux alimentaires liés à leur mode de vie.

— Vous avez des enfants ? ai-je demandé.

— Non, a-t-il dit, mais telles que je vois les choses, tous les enfants sont nos enfants. Ma sœur en a trois. Ils sont tellement énormes qu'ils arrivent à peine à se déplacer. Elle les gâte, les gave de pain frit et de sucre. Le saint va sauver les enfants.

Des considérations qui recoupaient tout ce que j'avais lu concernant la montée des cancers pédiatriques, des diabètes, de l'hypertension, le monde du fast-food acculant notre jeunesse.

— Comment va-t-il faire ? ai-je demandé.

— Je ne peux pas vous dire maintenant.

— Comment le connaissez-vous ?

Il m'a regardée avec intensité, comme s'il espérait que je pourrais entendre ses pensées et gagner un temps précieux.

— Ça m'est venu en rêve, comme tout renseignement sacré. Il est dans le désert et je crois savoir où le trouver. C'est un truc de secte, de bonne secte, et je les rejoins. Je peux peut-être cultiver la terre, aider à construire des abris ou monter des équipes de base-ball pour les garçons.

— Les filles aussi jouent au base-ball.

— Oui, bien sûr, a-t-il dit distraitement. Base-ball pour tout le monde.

— Bénis soient les enfants et merci de m'avoir fait confiance.

— Je vous verrai peut-être là-bas.

— Mais comment vous trouverai-je ? ai-je demandé.

— Conservez les papiers de bonbons avec vous, mettez-les sous votre oreiller la nuit. Ça vous viendra pendant le sommeil. Quand vous aurez trouvé la photo, mettez-la de côté pour moi.

Et puis il a disparu, pour une mission des plus inattendues. Il y avait des étoiles de mer prises dans les filets multicolores décorant les murs. Le café qu'il avait commandé était sucré avec un fort goût de cannelle. Je suis restée assise, me projetant à New York, passant au peigne fin les différentes couches d'archéologie visuelle. Sans parler du fait que la photo était assez sombre. Les jeux avaient été empilés, bien rangés, mais rien d'autre de l'intérieur du placard n'était révélé : sa veste en cuir, ses chaussures en cuir élimées et son calepin pour *2666*, fin, noir avec des notations cryptées sur papier millimétré. Des choses que j'avais vues et touchées.

— Ce type n'a pas réglé sa note, est venue rouspéter la serveuse.

— Ah, je m'en occupe, ai-je dit.

Un bouton traînait par terre, à côté de mon pied. Juste un petit bouton gris en plastique, un fil minuscule y était attaché, je l'ai mis dans ma poche ; une petite pièce porte-bonheur en guise d'avertissement, émanant d'un rêve au sein d'un rêve.

Ce soir-là, j'ai étalé mes papiers de bonbons sur la table. Pas de trace de chocolat. Pas d'odeur de confiserie. Hormis un peu de sable, propres comme des sous neufs. *C'est un truc de secte*, avait dit Ernest. L'absurdité de cette enquête m'a soudain sauté aux yeux et j'ai ri tout haut. Un rire qui est resté en suspension dans l'air, comme pour se retourner contre moi. J'ai essayé d'en tracer les grandes lignes. Bien, j'étais au Dream Motel assise sur une chaise près de la baie vitrée coulissante qui donnait sur la plage. J'avais fait un rêve qui m'avait propulsée en auto-stop de Santa Cruz à San Diego, où j'avais rencontré Ernest qui m'avait parlé des feux de joie que personne d'autre n'avait vus à part moi. Je me souviens d'avoir fouillé dans des papiers de bonbons carbonisés et d'avoir ensuite mis des bouts de cendre dans un morceau de gaze que j'ai replié.

Je me suis relevée d'un bond et j'ai fouillé dans les poches de ma veste, mais le rouleau de gaze avait disparu, toutefois j'ai remarqué que j'avais le bout des doigts maculé de noir. Ernest avait préconisé de dormir avec les papiers de bonbons sous mon oreiller, mais n'avait pas indiqué dans quel état, en cendres ou pas. Dans le tiroir de la table de nuit se trouvait une boîte d'allumettes avec un numéro de téléphone inscrit à l'intérieur. Grattant deux têtes d'allumettes d'un coup, j'ai mis le feu au papier de bonbon. Il a brûlé lentement, dégageant une discrète odeur de foin. J'ai déchiré une page de mon calepin, versé la cendre en son centre, et replié plusieurs fois la feuille, comme un origami en forme d'oiseau.

Glissant le sachet sous mon oreiller, je me suis demandé si Ernest et moi étions amis. Après tout, il ne savait rien de moi et moi encore moins de lui. Mais c'est comme ça parfois, on peut connaître un imparfait inconnu comme personne d'autre. J'ai remarqué le bouton gris gisant dans la poussière. J'imagine qu'il était tombé de ma poche quand j'avais jeté ma veste, qui était encore en boule par terre. J'ai ramassé le bouton, un petit geste identique à un autre que je semblais appelée à répéter.

Des chiens aboyaient, et plus loin, à Santa Cruz, l'aboiement guttural de la reine des otaries se répercutait sur l'embarcadère pendant que les autres dormaient. Il y avait un sifflement grave. L'aboiement s'est fait de plus en plus ténu. Je pouvais presque entendre le prélude de *Parsifal* s'élevant de cette brume surnaturelle. Une photo est tombée de mon portefeuille, un petit garçon avec une femme vêtue de crêpe foncé. J'étais certaine d'avoir déjà vu cette image quelque part, peut-être une scène d'un film. Un gros plan d'yeux couleur chocolat, un tapis ondoyant de fleurs minuscules qui n'était pas du tout un tapis mais le volant d'une robe illuminée par une voiture qui passait. J'ai glissé ma main sous l'oreiller et touché le sachet, pour m'assurer de sa présence. Oui, ai-je prononcé d'une voix somnolente, puis j'ai fermé les yeux, enveloppée dans une palpitation floue d'images : le cygne, la lance et l'Innocent au cœur pur.

Revenue sur Voltaire Street, je suis tombée sur Cammy, du côté du marché bio, et je l'ai aidée à livrer plusieurs cartons de confiture d'oignons. J'ai remarqué son chargeur branché à son tableau de bord. Mon téléphone était à plat depuis longtemps, car j'avais oublié mon chargeur au Dream Motel, pendouillant à la prise murale, tristement, sans but. Cammy a bien voulu que j'utilise son téléphone pour que je puisse prendre des nouvelles de Sandy. Elle a parlé pendant tout le coup de fil, mais j'ai réussi à saisir le compte rendu. Il n'avait pas repris connaissance.

Elle était en train de me dire qu'elle avait rencontré une femme qui connaissait l'oncle de l'un des enfants disparus dont elle avait parlé à la fin de notre trajet. J'avais presque oublié. Il s'avérait que le garçon avait été rendu indemne, avec une étiquette épinglée à sa chemise disant qu'il avait un souffle au cœur. Jusqu'alors jamais diagnostiqué, mais cela avait été promptement confirmé. Il avait pleuré toute la nuit, voulait retourner d'où il venait, refusant de dire quoi que ce soit. Je n'ai pas relevé mais n'ai pu m'empêcher de penser que c'était similaire à l'histoire du garçon boiteux renvoyé chez lui après avoir brièvement goûté au paradis, dans la légende du joueur de flûte de Hamelin.

— Il faut que je retourne à Los Angeles demain, m'a-t-elle dit. J'ai une grosse livraison à Burbank.

— J'envisageais d'aller à Venice Beach, ai-je dit spontanément, ça ne vous ennuie pas que je vous accompagne ? Je paierai l'essence.

— Marché conclu, a-t-elle dit.

Ce soir-là, j'ai utilisé le téléphone de l'hôtel et j'ai appelé tous ceux que je pensais devoir appeler. Personne n'était joignable, ou plutôt, personne n'a répondu. J'ai laissé des messages. *Mon téléphone est à plat. Je vais bien. Vous pouvez appeler à l'hôtel.* Il y avait quelque chose de funèbre à propos de tout cet épisode.

Quatre personnes, quatre téléphones qui ne répondaient pas. J'ai refermé la fenêtre. Il commençait à faire frisquet. J'ai pris le stylo de l'hôtel et noirci quelques pages de mon calepin en attendant que le téléphone sonne, mais il n'a pas sonné.

J'ai quitté l'hôtel et j'ai pris dans le hall un muffin au son de blé rassis et un café noir. Cammy est arrivée au volant de sa Lexus. Elle avait un pull-over rose et la banquette arrière était remplie de cartons fermés par du ruban adhésif. Tandis que nous approchions de Los Angeles, elle m'a raconté les dernières nouvelles du monde de Cammy, dont certaines heureusement m'ont échappé car mon esprit était ailleurs.

— Oh mon Dieu, s'est-elle exclamée, vous avez entendu parler des disparitions à Macon ?

— Macon, en Géorgie ? Vous parlez d'enfants ?

— Oui, sept gamins.

J'ai éprouvé une sensation de vertige, comme quand je suis très haut et que je regarde en bas. Comme si de minuscules cellules de glace se déplaçaient lentement, vibrant dans mes veines.

— Vous vous rendez compte ? a-t-elle dit. Un des plus grands dispositifs anti-enlèvement jamais lancés.

Cammy a allumé la radio mais il n'y avait rien à ce sujet aux infos. Nous avons toutes deux observé un silence bienvenu jusqu'à ce qu'elle se gare à Venice. Je lui ai donné quarante dollars et elle m'a donné un petit bocal avec une étiquette *confiture rhubarbe-fraise*.

— Sept enfants, ai-je fait, hébétée, en détachant ma ceinture.

— Ouais, a-t-elle dit, vous vous rendez compte ? C'est dingue. Rien n'a été annoncé, rien n'a été demandé. Comme s'ils avaient disparu par enchantement, subtilisés par le joueur de flûte lui-même.

Venice Beach, la ville des inspecteurs de police. Là où il y a un palmier, il y a Jack Lord, il y a Horatio Caine. Je suis descendue dans un petit hôtel près d'Ozone Avenue, non loin de la promenade. De ma fenêtre, je voyais les jeunes palmiers et l'entrée à l'arrière du café On the Waterfront, une bonne adresse pour déjeuner. Le café m'a été servi dans un mug blanc décoré d'une étoile de mer bleue engageante qui flottait au-dessus de leur devise – *On boit un verre, on voit la mer*. Les tables étaient recouvertes d'une toile cirée vert foncé. Il fallait constamment que je chasse les mouches, mais cela ne me gênait pas. Rien ne me gênait, pas même les choses qui me gênaient.

J'ai remarqué en face de moi un type séduisant, un genre de Russell Crowe jeune, assis face à une fille qui avait une épaisse couche de maquillage. Sans doute pour dissimuler une vilaine peau, mais elle dégageait quelque chose que l'on pouvait sentir de l'autre bout de la salle, avec ses lunettes noires, ses cheveux noirs au carré et son manteau en simili léopard, une réplique de star de cinéma. Ils étaient immergés dans leur monde et j'étais immergée avec eux, je les imaginais comme l'inspecteur Mike Hammer et la divinement distante Velma. Pendant que je notais tout cela, les deux sont partis sans se faire remarquer, leur table a été débarrassée et des serviettes et des couverts propres ont été disposés, comme si ni l'un ni l'autre n'avait jamais mis les pieds ici.

J'avais toujours apprécié la plage à Venice car elle me semblait vaste, une immense étendue qui s'agrandit à marée basse. J'ai enlevé mes bottes, remonté le bas de mon pantalon et suis allée marcher le long de la grève.

L'eau de mer était extrêmement froide mais thérapeutique, mes manches trempées à force d'en ramasser pour m'asperger le visage et le cou. J'ai remarqué un unique papier de bonbon pris dans les vagues mais je n'ai pas essayé de l'attraper.

Le problème quand on rêve, disait une voix traînante, mais mon attention a été détournée par le son de drôles d'oiseaux, de grosses bestioles poussant des cris rauques, se tenant au garde-à-vous, sur le point de prendre la parole. Malheureusement, une petite voix en moi se demandait déjà si les oiseaux pouvaient véritablement parler, ce qui a interrompu la connexion. Je suis revenue à mon point de départ, me suis demandé pourquoi j'avais hésité de manière regrettable, sachant pourtant pertinemment que certaines créatures ailées ont la capacité de former des mots, de pondre des monologues et parfois de dominer toute une conversation.

J'ai décidé de dîner au Waterfront mais suis partie dans l'autre sens, suis passée devant un mur recouvert de peintures, des scènes à la Chagall extraites d'*Un violon sur le toit*, des violonistes flottant parmi des langues de flammes produisant un déconcertant sentiment de nostalgie. Lorsque j'ai fini par achever mon tour et suis entrée au Waterfront, j'ai cru m'être trompée. L'agencement du soir paraissait complètement différent de celui de l'après-midi. Il y avait un billard et rien que des types de tous les âges avec des casquettes de base-ball et d'énormes chopes de bière avec des tranches de citron. Plusieurs m'ont regardée quand je suis entrée, une inconnue non menaçante, puis ils sont retournés à leurs affaires, à boire et discuter. Il y avait un match de hockey sans le son sur un grand écran. Le brouhaha, le bourdonnement ambiant était entièrement masculin, masculin bon enfant, rires et discussions, interrompus seulement par le claquement d'une queue sur une boule de billard, la boule tombant dans la blouse. J'ai commandé un café, un sandwich au poisson et une salade, le plat le plus cher de la carte. Le poisson était petit et frit, mais la laitue et les oignons étaient frais. Le même mug avec l'étoile de mer, la même boisson. J'ai laissé mon argent sur la table et suis sortie. Il pleuvait. J'ai mis mon bonnet. En passant devant la fresque murale, j'ai adressé un compatissant signe de la tête au violoniste yiddish, partageant en silence sa peur que les amis disparaissent.

Le chauffage ne fonctionnait pas dans ma chambre. Je me suis allongée sur le canapé, emmitouflée, j'ai regardé à la télé la chaîne *Extreme Homes*, des épisodes sans fin mettant en scène des architectes expliquant comment ils avaient construit dans le roc et le schiste argileux en pente, ou la mécanique présidant à la réalisation d'un toit rotatif en cuivre de cinq tonnes. Des habitations qui ressemblaient à d'énormes rochers, en écho aux rochers réels alentour. Des maisons à Tokyo, à Vail et dans le désert californien. Je m'assoupissais et, en rouvrant les yeux, retombais sur la même maison japonaise, ou une maison qui représentait les trois parties de *La Divine Comédie*. Je me demandais ce que cela ferait de dormir dans une pièce représentant l'Enfer de Dante.

Au matin, j'ai observé les mouettes qui descendaient en piqué près de ma fenêtre. Elle était fermée, donc je ne pouvais pas les entendre. Silencieuses, silencieuses mouettes. Il y avait du crachin et les poils à la cime des palmiers se balançaient au vent. J'ai mis mon bonnet, ma veste, et je suis sortie à la recherche d'un petit déjeuner. Le Waterfront étant fermé, j'ai opté pour un endroit sur Rose Avenue, qui avait sa propre boulangerie et un menu végétarien. J'ai pris un bol de chou kale et des patates douces, mais en réalité j'avais envie d'un steak et d'œufs. Le gars à côté de moi baratinait avec son collègue à propos de je ne sais quel pays pratiquant l'importation de tortues serpentines carnivores géantes pour se débarrasser des cadavres qui flottaient dans un fleuve sacré.

Il y avait une librairie de livres d'occasion dans une rue donnant sur Rose. J'ai cherché un exemplaire du *Troisième Reich*, mais n'ai pas trouvé de livre de Bolaño. J'ai déniché un DVD d'occasion du *Joueur de flûte de Hamelin*, avec Van Johnson dans le rôle principal. Je n'en croyais pas ma chance. J'entendais déjà Kay Starr, la mère du garçon infirme, chantant sa poignante complainte. *Where's my son, my son John ?* Ce qui m'a fait penser aux enfants disparus. Mômes et papiers de bonbons. Ils devaient avoir un lien, mais sans doute pas de la même façon. Étonnamment il n'y avait pas un mot sur les enfants disparus dans aucun des journaux. Je commençais à avoir des doutes sur toute cette histoire, même s'il était difficile à croire que Cammy l'ait inventée de toutes pièces.

J'ai traversé une salle de jeux vidéo sur Pacific, me suis arrêtée devant une porte où figurait l'inscription *Mao's Kitchen*. Je suis restée là, à me demander si je devais en franchir le seuil, jusqu'au moment où la porte s'est ouverte et une femme m'a fait signe d'entrer. C'était un endroit du genre communautaire, avec une cuisine ouverte équipée de fourneaux industriels et de casseroles de raviolis fumants sous une pancarte qui annonçait *La Bouffe du peuple* aux côtés d'affiches défraîchies de rizières sur le mur du fond. Cela m'a rappelé le voyage que mon ami Ray et moi avions entrepris, à la recherche de la grotte près de la frontière chinoise où Hô Chi Minh avait rédigé la déclaration d'indépendance vietnamienne. Nous avions traversé d'interminables rizières aux pâles reflets d'or, le ciel était d'un bleu clair et nous étions stupéfaits par ce qui n'était, pour la plupart, qu'un spectacle ordinaire. La femme a apporté une théière de gingembre frais, de citron et de miel.

— Vous avez toussé, a-t-elle dit.

— Je tousse toujours, ai-je répondu en riant.

Il y avait un *fortune cookie* sur ma soucoupe. Je l'ai glissé dans ma poche afin de le garder pour plus tard. Je me sentais concernée par la paix modeste offerte avec le repas, sans penser à rien. Juste des filaments de choses, de choses dénuées de sens, comme le souvenir de ma mère me disant une fois que Van Johnson portait toujours des chaussettes rouges, y compris dans les films en noir et blanc. Je me demandais si c'était le cas quand il avait interprété le joueur de flûte.

Revenue dans ma chambre, j'ai cassé en deux le biscuit chinois et déplié le bout de papier sur lequel figurait une devise. *Tu marcheras sur le bol de nombreux pays*. Je ferai attention, ai-je soufflé, mais en y regardant de plus près, je me suis rendu compte que ce n'était pas *bol* mais *sol*. Au matin, j'ai décidé de revenir sur mes pas, de revenir au début, dans la même ville, dans le même hôtel du quartier de Japantown, à quelques pas de la Pagode de la Paix. Il était temps que j'aille au chevet de Sandy, en pleine tourmente cellulaire – non pas, comme à son habitude, en train d'explorer un système imaginé, mais sondant ses propres abîmes. En allant à l'aéroport, il m'est apparu que l'histoire du joueur de flûte de Hamelin n'était pas fondamentalement une histoire de vengeance mais plutôt d'amour. J'ai pris un aller simple pour San Francisco. L'espace d'un instant, j'ai cru apercevoir Ernest qui passait les contrôles de sécurité.

La Pagode de la Paix, Japantown

SERVICE DE SOINS INTENSIFS

La circulation était fluide pour rentrer dans San Francisco. Ma chambre au Miyako Hotel n'était pas prête, alors j'ai traversé deux galeries de centres commerciaux et j'ai mangé à On the Bridge. Tout était exactement comme quelques semaines auparavant, toutefois la présence rassurante de Lenny me manquait. Le cuisinier m'a fait des spaghettis aux œufs de poissons volants. Des extraits du dessin animé japonais *Dragon Ball* tournaient en boucle sur les écrans. Je me suis trouvée à remonter tambour battant la trajectoire du genre manga, feuilletant *Death Note* 7 dans le sens de lecture japonais, tâchant de décoder le graphisme : une menace noire plane au-dessus du jeune Light, au fil de pages de séquences numériques intermittentes. Mes spaghettis avaient disparu. Je me rappelais à peine les avoir mangés. L'addition était datée du 1er février. Où était passé le mois de janvier ? J'ai fait une liste des choses que j'aurais dû faire. Je les ferai bientôt, me suis-je dit, mais dès le lendemain matin, j'irais à l'hôpital dans le service de soins intensifs où Sandy n'avait toujours pas repris connaissance. Malgré cela, je me suis arrêtée dans une petite boutique et lui ai acheté des confiseries à base de pâte de haricots rouges. Sandy adorait ce genre de friandises, des fragments de paradis en forme d'éventails.

Je suis allée me coucher tôt. Il n'y avait rien à la télé. Je me suis imaginée à Kyoto, ce qui n'était pas difficile car le lit d'hôtel était près du sol, à côté d'une lampe en papier de riz et d'un tableau de galets dans des nuances de gris soigneusement arrangés dans un bac à sable en bambou. Il y avait un crayon à papier à rayures multicolores sur la table de nuit. Je n'ai pas très sommeil, me suis-je dit, je devrais me relever pour écrire, mais ce n'est pas ce que j'ai fait. J'ai fini par écrire les mots qui sont ici, alors même que tout un ensemble de mots m'échappait, *alphabétisant* l'éther, me raillant dans mon sommeil. *On ne suit pas les intrigues, on les négocie*. Conseil manga, un mantra répétitif se mêlant à mes propres pensées.

Le crayon à papier paraissait loin, inatteignable, et je me suis réellement vue m'endormir. Les nuages étaient roses et tombaient du ciel. Je portais des sandales, donnais des coups de pied dans des tas de feuilles rouges entourant un lieu saint sur une petite colline. Il y avait un petit cimetière avec des rangées de divinités à l'apparence de singes, certaines parées de capes rouges et de bonnets. De gros corbeaux donnaient des coups de bec dans les feuilles en train de sécher. *Ça ne veut rien dire*, criait quelqu'un, et c'est tout ce dont je me souvenais.

Au matin, je me suis organisée pour me rendre à l'hôpital du comté de Marin, aidée par des amis communs qui s'étaient entendus pour s'occuper de Sandy. Plus aucun membre de sa famille n'étant en vie, la tâche incombait à un petit cercle dévoué qui le connaissait et l'aimait. Je suis retournée au service de soins intensifs. Rien n'avait changé depuis ma dernière visite avec Lenny; le médecin semblait avoir peu d'espoir que Sandy reprenne connaissance. J'ai fait le tour de son lit au pied duquel était accroché un dossier médical, son deuxième prénom était Clarke, mon fils était né le jour de son anniversaire, fait que j'avais d'une certaine manière oublié. Je suis restée debout à essayer de trouver tant bien que mal les pensées qui convenaient, susceptibles de pénétrer le voile épais du coma. J'avais des flashes d'Arthur Lee en prison, de petits livres rouges étalés comme un jeu de cartes. Je voyais Sandy tomber au ralenti dans un parking près d'un distributeur de billets. Je l'entendais presque penser. *Convalescence. Latin. Quinzième siècle.* Je suis restée le plus longtemps possible, faisant de mon mieux pour réprimer ma phobie intense des tuyaux, des seringues et du silence artificiel de l'hôpital.

J'ai fait la navette entre l'hôtel et l'hôpital. Les odeurs de médicaments, les allées et venues des infirmières aux chaussures à semelles de caoutchouc avec des écritoires à pince et des poches de liquide à perfusion me perturbaient tandis que j'étais assise à son chevet, cherchant désespérément un moyen d'entrer en contact avec lui, de trouver un canal de connexion. Mon dernier jour, après l'heure de la fin des visites, personne ne m'a demandé de partir, alors je suis restée jusqu'à la tombée de la nuit. Je me suis vue projeter des constellations de mots sur ses draps blancs, un interminable mélange d'expressions s'écoulant des bouches de totems miraculeux bordant un horizon inaccessible. Médée et les dieux-singes et les enfants et les papiers de bonbons. Que fais-tu de tout ça, Sandy ? lui ai-je demandé en silence. Pulsations de machine. Solution saline au goutte-à-goutte. Sandy m'a serré la main mais l'infirmière a dit que cela ne voulait rien dire.

Sanctuaire Hie-jinja

ADS 2016

Il y avait un bureau de poste juste en face de l'hôtel. J'ai fait un colis avec ce qui restait de mes effets personnels et j'ai tout envoyé à New York, puis je suis allée à l'autre bout de la ville, en territoire Jack Kerouac. En traversant Chinatown, je me suis retrouvée, alors que je ne m'y attendais pas, en pleins préparatifs du Nouvel An lunaire, l'année du Singe. Des confettis de toutes les couleurs tombaient du ciel, de petits carrés ornés d'une tête de singe rouge. *Défilé le 27.* Ce serait assurément spectaculaire mais je serais partie depuis longtemps. C'était drôle, j'avais quitté San Francisco un premier de l'An et j'en repartais pour un autre premier de l'An. Je sentais l'attraction gravitationnelle de la maison, qui, lorsque je reste trop longtemps chez moi, devient l'attraction gravitationnelle de l'ailleurs.

Le banc des trois singes de la sagesse était vide. Je suis restée assise quelques minutes, à reprendre mes esprits, tandis que les festivités me prenaient par surprise. Je me souvenais d'être restée debout, enfant, face à une effigie similaire des trois singes dans un parc avec mon oncle. Quel singe aurais-je préféré être ? m'avait-il demandé. Celui qui ne voit rien de mal, ne dit rien de mal ou n'entend rien de mal ? Je m'étais vaguement sentie patraque, craignant de faire le mauvais choix.

J'ai trouvé une petite rue juste à l'extérieur du périmètre. Raviolis à emporter, deux tables recouvertes d'une toile cirée jaune. Pas de menu. Je me suis installée et j'ai attendu. Un garçon au visage rond, en pyjama, est apparu avec un verre de thé et un petit panier de raviolis fumants, puis a disparu derrière un rideau à motif floral rose et vert. Je suis restée un certain temps, à me demander ce que j'allais faire ensuite, décidant finalement de suivre l'élan qui l'emporterait sur les autres. Autrement dit, l'élan dominant. Le thé était froid et j'ai soudain eu conscience d'être à l'écart dans un étrange restaurant. Cette sensation exagérée a gagné en intensité jusqu'à ce que j'aie l'impression d'être retenue à l'intérieur d'un champ de forces, tel un habitant de la ville en bouteille de Kandor dans un vieux *comic* de *Superman*.

J'entendais des salves de pétards à mèche qui explosaient à quelques rues d'ici. L'année du Singe avait commencé et je ne savais pas du tout comment ça allait tourner. Ma mère était née en 1920, l'année du Singe de métal, alors, me suis-je dit, son sang me protégerait peut-être. Le garçon n'est pas revenu, aussi ai-je laissé de l'argent sur la table, j'ai traversé la barrière invisible et me suis rendue à pied de Chinatown à Japantown, pour rentrer à l'hôtel.

J'ai étalé mes quelques biens sur le lit : mon appareil photo aux soufflets enfoncés, carte d'identité, calepin, stylo, téléphone à plat et un peu d'argent. J'ai décidé de rentrer bientôt à la maison mais pas tout de suite. Je me suis servie du téléphone de l'hôtel pour appeler le poète qui m'avait donné un manteau noir, un manteau adoré que j'avais perdu.

— Est-ce que je peux te rendre visite et rester un peu chez toi, Ray ?

— Bien sûr, a-t-il répondu sans hésiter, tu peux dormir dans mon café. Je suis en train de faire du café vert.

J'ai pris un petit déjeuner à la japonaise dans une boîte laquée oblongue, puis j'ai réglé la note de l'hôtel. Le vieil employé en place depuis des années m'a demandé quand je reviendrais.

— Bientôt, j'imagine, quand j'aurai un autre boulot.

— Ce sera différent, a-t-il dit sur un ton mélancolique. Plus de chambres japonaises.

— Mais ça a toujours été un hôtel de style japonais, ai-je protesté.

— Les choses changent, a-t-il dit au moment où je me suis glissée dans le taxi.

Le vol à destination de Tucson durait deux heures et onze minutes. Ray m'attendait à la descente de l'avion.

— Tu étais où ? a-t-il demandé.

— Oh, ici et là. Santa Cruz. San Diego. Et toi ?

— J'achetais du café au Guatemala. Puis dans le désert. J'ai essayé de t'appeler, a-t-il dit en plissant les yeux.

— Je n'ai pas eu le message, ai-je dit d'un air un peu contrit. Mon téléphone est à plat depuis un certain temps, en fait.

— Pas ce genre de message.

— Ah ouais, ai-je dit en riant. En tout cas, me voilà, donc j'imagine que je l'ai reçu.

Il a fermé le café, a concocté une soupe à base de maïs et de yucca, puis a déroulé un matelas et m'a fait un lit. Nous nous connaissions depuis bien longtemps, avions voyagé ensemble dans des endroits pas commodes et chacun pouvait facilement s'adapter aux habitudes de vie de l'autre. Il a mis à ma disposition une table de travail et une lampe pour enfants avec une chute d'eau peinte sur l'abat-jour, qui semblait s'écouler quand on allumait la lumière. Tard le soir nous avons écouté Maria Callas, Alan Hovhaness et Pavement. Il jouait aux échecs sur son ordinateur tandis que je scrutais les livres sur ses étagères, parmi lesquels il y avait les *Cantos* de Pound, les œuvres complètes de Rudolf Steiner et un épais volume de géométrie euclidienne, que j'ai sorti. C'était un ouvrage copieusement illustré que je ne comprenais pas du tout, mais que j'ai essayé d'absorber.

— J'ai perdu ton manteau, lui ai-je dit. Le noir que tu m'as donné pour mon anniversaire.

— Il reviendra.

— Et s'il ne revient pas ?

— Alors il te saluera dans l'après-vie.

J'ai souri, me sentant étrangement rassurée. Je n'ai pas fait allusion aux papiers de bonbons, aux enfants disparus ni à Ernest. J'avais l'impression d'avoir déjà mué, d'avoir déjà oublié cette période. Nous avons parlé de Sandy, toutefois, et de nombreux amis décédés, mais que nous avons fait revivre par les sentiments que nous avions toujours pour eux. Au bout de quelques jours, il a fallu qu'il parte. Je ne sais pas quand je reviendrai, a-t-il dit, mais reste aussi longtemps que tu veux. Il a rechargé mon téléphone et m'a montré comment utiliser son poste de radio ondes courtes. Je l'ai tripatouillé un certain temps jusqu'à trouver une programmation cent pour cent Grateful Dead.

Il faisait encore nuit et Jerry chantait *Palm Sunday*. J'avais froid et j'ai cherché une couverture dans le placard. J'ai trouvé une Pendleton blanc cassé, et lorsque je l'ai secouée, quelque chose est tombé d'un pli. Comme je me penchais pour ramasser, un rayon de lune a pénétré par la fenêtre. C'était un papier d'emballage froissé, Peanut Chewz, de la mauvaise couleur, avec une faute d'orthographe à *chews*, sans la moindre trace de chocolat. Par curiosité, j'ai fouillé dans le placard dans l'espoir d'en trouver un autre et j'ai déniché un carton vaguement fermé avec du gros scotch. Un carton entier de papiers de bonbons en parfait état, il y en avait des centaines. J'en ai mis quelques-uns dans ma poche, j'ai rescotché le carton et suis sortie admirer la lune, une grande galette claire dans le ciel.

J'ai repensé à la conversation que nous avions eue. *J'ai essayé de t'appeler.* Je le savais. C'était la nature télépathique de notre façon de communiquer. J'ai repensé aux endroits où nous avions voyagé : La Havane, Kingston, le Cambodge, l'île Christmas, le Vietnam. Nous avions trouvé la rivière Lénine, où Hô Chi Minh s'était lavé. À Phnom Penh, j'avais été couverte de sangsues la fois où nous avions été pris dans les rues inondées. Je m'étais tenue près du lavabo de la salle de bains de l'hôtel, toute frissonnante, pendant que Ray, calmement, me les enlevait une par une. Je me rappelais un bébé éléphant décoré de fleurs, émergeant d'une jungle dense à Angkor Vat. J'avais mon appareil photo et je m'étais faufilée pour le suivre. En revenant, j'avais trouvé Ray assis dans la vaste véranda d'un temple, entouré d'enfants. Il chantait pour eux, le soleil faisait un halo autour de ses cheveux longs. Je n'avais pu m'empêcher de penser aux Saintes Écritures – *Laissez les petits enfants venir à moi.* Il avait levé la tête et m'avait souri. J'entendais des rires, des cloches qui tintaient, des pieds nus dans les escaliers du temple. Tout était si proche, les rayons du soleil, la douceur, un sens du temps qui est à jamais perdu.

Au matin, j'ai bu deux verres d'eau minérale, brouillé des œufs avec de la ciboule et mangé debout. J'ai compté mon argent, fourré une carte des environs dans ma poche, rempli une bouteille d'eau, enveloppé quelques pains au lait dans une serviette. C'était l'année du Singe et je m'étais téléportée en un nouveau territoire, sur une route sans ombre sous le soleil moléculaire. J'ai continué à marcher, me disant que je finirais par trouver quelqu'un pour me faire monter dans sa voiture. J'ai mis ma main en visière et l'ai vu arriver. Il a baissé la vitre d'un pick-up Ford bleu déglingué, un morceau de vieux ciel transfiguré. Il avait une nouvelle chemise, avec tous les boutons, et, d'une certaine manière, il ressemblait à quelqu'un d'autre, quelqu'un que j'avais connu jadis.

— Vous n'êtes pas un hologramme ? ai-je demandé.

— Montez, a dit Ernest. On va traverser le désert. Je connais un endroit qui fait les meilleurs huevos rancheros, et du café qu'on peut vraiment boire avec plaisir. Ensuite vous pourrez juger si oui ou non je suis un hologramme.

Un rosaire était enroulé autour du rétroviseur. C'était une sensation familière de rouler en voiture avec Ernest au milieu de l'inexpliqué ; rêve ou pas rêve, nous avions déjà sillonné un curieux territoire. J'avais confiance en ses mains sur le volant. Elles évoquaient d'autres mains, celles de types bien.

— Les pots d'échappement silencieux, vous en avez déjà entendu parler ?

— C'est un vieux bahut, a-t-il répondu.

C'est surtout Ernest qui a parlé. Géométrie métaphysique, à voix basse, dans son style méditatif, comme s'il extrayait les mots d'un compartiment secret. J'ai baissé la vitre. Des broussailles à perte de vue, piquetées de cactus implorants.

— Il n'y a pas de hiérarchie. C'est le miracle du triangle. Pas de sommet, pas de base, pas de côté qui l'emporte. Enlevez les étiquettes de la Trinité, le Père, le Fils et le Saint-Esprit, et remplacez chacun par l'amour. Voyez ce que je veux dire ? L'amour. L'amour. L'amour. Un poids égal englobant la totalité de notre existence soi-disant spirituelle.

Nous roulions vers l'ouest. Ernest s'est arrêté à un petit avant-poste équipé d'une pompe à essence, quelques objets souvenirs et un petit restaurant. Une femme est sortie et l'a salué comme un vieil ami, puis nous a servi du café et deux assiettes de huevos rancheros avec des haricots revenus à la poêle et une purée d'avocats soyeuse. Une huile représentant Notre-Dame de Guadalupe, peinte en suivant les numéros, était punaisée au mur à côté d'une photo décolorée de Frida Kahlo et Trotski dans un cadre en fer-blanc.

— C'est ma petite-fille qui l'a peinte, a-t-elle dit en s'essuyant les mains sur son tablier.

C'était assez moche, mais on ne pouvait pas reprocher cela à une enfant.

— C'est très joli, lui ai-je dit.

Assis à la table face à moi, Ernest me dévisageait.

— Alors ? a-t-il fait, l'air d'attendre quelque chose.

— Alors quoi ?

— Vous n'écoutez pas. Vous étiez ailleurs.

— Ah, désolée.

— Bon, a-t-il continué en déplaçant du bout de sa fourchette ce qui restait de haricots dans son assiette, est-ce que ce sont les meilleurs huevos que vous ayez jamais mangés ?

— Ils sont vraiment bons, ai-je dit, mais j'en ai peut-être mangé des meilleurs.

— J'écoute, a-t-il dit, vaguement irrité.

— À Acapulco en 1972. J'étais invitée dans une villa qui surplombait la mer. Je ne sais pas nager et il y avait une grande piscine, assez profonde. Un autre invité m'avait appris à faire la planche, ce qui à l'époque était un bel exploit.

— Nager, c'est surestimé, a-t-il dit.

— Un matin, je me suis réveillée avant le petit déjeuner, je suis entrée dans le bassin et j'ai fait la planche. J'ai fermé les yeux parce que le soleil tapait déjà et je me suis sentie libre et heureuse, mais lorsque j'ai ouvert les yeux, des rapaces tournaient au-dessus de moi.

— Combien ?

— Je ne sais pas. Peut-être trois, peut-être cinq, mais je crois qu'ils avaient des queues rouges. Ils étaient beaux, mais trop près, et je me suis demandé s'ils me croyaient morte et j'ai paniqué. Les nuages se déplaçaient et le soleil illuminait leurs ailes et j'agitais

L'amour. L'amour. L'amour.

Avant-poste, Salton Sea

les bras et les jambes et j'ai vraiment cru que j'allais me noyer. Il y a soudain eu une énorme éclaboussure. Le cuisinier a sauté à l'eau et m'a attrapée par la taille, m'a fait remonter à la surface, m'a tirée de la piscine et a fait sortir l'eau que j'avais dans les poumons. Puis il m'a séchée et m'a préparé des huevos rancheros, les meilleurs que j'aie jamais mangés.

— Ça s'est vraiment passé, ça ?

— Oui, ai-je dit, je n'ai rien enjolivé, j'en rêve encore. Mais ce n'était pas un rêve.

— Il s'appelait comment ?

— C'était le cuisinier. Je ne me rappelle pas son nom mais je ne l'ai jamais oublié. Je retrouve son visage dans de nombreux visages. C'était le cuisinier, il était habillé en blanc et il m'a sauvé la vie.

— D'où venez-vous, en fait ?

— Pourquoi, ai-je dit en riant, vous allez me raccompagner chez moi ?

— Tout est possible, a-t-il dit. Après tout, c'est l'année du Singe.

Il a déposé de l'argent sur la table et nous sommes sortis. J'ai terminé mon café puis suis remontée dans le pick-up pendant qu'il vérifiait un pneu. J'étais sur le point de lui demander ce qu'il pensait de la nouvelle année lunaire quand j'ai remarqué que le soleil s'était déplacé. Nous avons roulé un moment en silence, tandis que le ciel devenait d'un rose brillant avec des bandes rubis et violettes.

— Le problème quand on rêve, disait-il.

Mais j'étais dans un autre monde, j'arpentais la terre rouge au cœur du Territoire du Nord.

— Il faut que vous alliez là-bas, a-t-il annoncé sur un ton sans appel.

— En fait, ai-je dit en sursautant presque, ce qu'il faut vraiment, c'est que j'aille au petit coin.

Il n'y avait pas de toilettes dans les parages. J'aurais dû y aller avant, mais je croyais me souvenir d'une pancarte hors service sur la porte des W.-C. Nous étions au milieu d'une plaine recouverte de rocs et de broussailles. Assez aride, un peu comme la Lune. Ernest a quitté la route et nous nous sommes arrêtés en pleine nature. L'envie pressante était maximale. J'ai attrapé mon sac, me suis franchement éloignée et me suis accroupie derrière un bouquet de cactus argentés. Un long filet d'urine a coulé sur la terre sèche. J'ai repensé à Ernest qui, d'une certaine manière, savait que je songeais à Ayers Rock. J'ai pensé à Sam et au fait que, des années auparavant, nous faisions souvent le même rêve, et au fait que souvent, même maintenant, j'ai l'impression qu'il sait ce que je pense. Le filet a complètement séché et un minuscule lézard est passé sur ma botte. Tirée de mes pensées, ramenée au présent immédiat, je me suis relevée, j'ai remonté ma fermeture éclair, puis je suis retournée au pick-up. Disséminées parmi le relief décharné, des carcasses de petits poissons, des centaines, des milliers peut-être, recroquevillées sur elles-mêmes, comme des papiers de bonbons encroûtés de sel. M'approchant, je n'ai vu que de la poussière en suspension soulevée par le véhicule qui venait de s'en aller. Ernest était parti. Je suis restée debout parfaitement immobile, réfléchissant à la situation, me disant : tout va bien, c'est un bon endroit, pas pire qu'un autre pour s'y perdre, les environs de Salton Sea, qui, contrairement à ce que son nom suggère, n'est pas du tout une mer.

J'ai eu l'impression de marcher des kilomètres, cependant tout demeurait identique. J'étais certaine d'avoir couvert beaucoup de terrain, mais je n'arrivais nulle part. J'ai essayé de presser le pas, puis de ralentir, me disant que j'allais entrer en collision avec moi-même et briser la boucle, mais je n'ai pas eu cette chance, le long panorama du désert continuait de se reproduire, jusqu'à ce que toute nouvelle initiative devienne une boucle en soi. J'ai sorti de ma poche un pain au lait rassis roulé dans une serviette. Il était saupoudré de sucre et avait un vague goût d'orange, comme ces gâteaux du jour des Morts. J'ai repensé aux petits gars du *diner*, me demandant si leur conversation n'était qu'une simple coïncidence, m'interrogeant sur la pertinence de mon affirmation comme quoi *papier-bonbon* était un nom. Je me suis demandé si le prosaïsme du fil de mes pensées n'entravait pas un peu ma progression.

Je suis passée à un jeu de fléchettes mental, une cible tournante où chaque case correspond à une époque, et auquel Sandy et moi jouions lors des longs trajets en voiture. J'ai lancé une fléchette qui a atterri tout là-bas, dans les Flandres, à la fin du Moyen Âge, me poussant à assaillir le vide de nouvelles questions, comme savoir pourquoi la formule dorée de la jeune Vierge ceinte dans les plis de sa robe se lit de droite à gauche et aussi de haut en bas sur le panneau de l'Annonciation de l'Autel de Gand. Était-il possible que le peintre tout simplement se joue de nous ? Ou bien l'imperceptible bulle encastrant ses mots tête en bas et à l'envers avait-elle pour unique fonction d'accommoder l'œil du Saint-Esprit, translucide et ailé, positionné au-dessus d'elle ?

Cette préoccupation a petit à petit éclipsé toute inquiétude concernant les noms et les verbes ou mes allées et venues tandis que je revisitais avec fluidité le passé historique. Je voyais la main du maître refermant les ailes extérieures des panneaux. Je voyais d'autres mains ouvrant avec déférence les mêmes panneaux. Leurs cadres en bois étaient foncés, patinés par le temps. Je voyais des voleurs emportant les panneaux jusqu'à un bateau qui naviguait sur des mers dangereuses. Je voyais la coque battue et le mât brisé. Le ciel était bleu pâle, sans un nuage, et j'ai continué à marcher, buvant lentement, jaugeant avec soin ma réserve d'eau. J'ai marché jusqu'à être où je voulais être, devant la colombe et la Vierge, le gras de l'agneau fondant jusqu'à disparaître.

Saint Jérôme dans sa cellule, *Albrecht Dürer*

CE QUE MARC A DIT

Voyager d'ouest en est en traversant les fuseaux horaires est plus dur à négocier que dans l'autre sens. Une histoire de cellules pacemaker. Non pas une référence à un appareil artificiel mais à la partie de l'esprit qui nous maintient physiologiquement synchronisés. Quelques semaines sur la côte ouest avaient assurément détraqué mes cellules cardiaques. Dans le coaltar à l'heure du dîner, puis piquant du nez, et me réveillant à deux heures du matin. Je me suis mise à me promener la nuit, emmitouflée dans le silence. En l'absence de circulation, il régnait une impression de mort dans l'atmosphère, à laquelle il était facile de s'identifier. De retour à la maison, en plein février, le mois oublié.

Le jour de la Saint-Valentin fut le plus froid enregistré dans l'histoire de New York City. Une complexe cape de givre recouvrait tout, les branches dénudées étaient tissées d'une symphonie de cœurs gelés. Des pendentifs de glace, suffisamment dangereux pour vous blesser, se détachaient et dégringolaient des rebords des surplombs et des échafaudages pour atterrir sur les trottoirs, gisant ensuite comme des armes d'un âge primitif, désormais abandonnées.

J'ai écrit très peu, et n'ai pas non plus communié avec le rêve du rêveur. Dans toute l'Amérique, les lumières semblaient s'éteindre les unes après les autres. Les lampes à pétrole d'un autre âge tremblotaient et mouraient. L'enseigne était silencieuse mais les livres sur ma table de nuit me faisaient signe. *La croisade des enfants. Le colosse*. Marc Aurèle. J'ai ouvert ses *Pensées pour moi-même* : n'agis pas comme si tu avais dix mille ans à vivre... Cela trouvait un écho retentissant chez moi qui gravissais les degrés de l'échelle chronologique, approchant de mes soixante-dix ans. Reprends-toi, me suis-je dit, délecte-toi des dernières saisons de tes soixante-neuf ans, le nombre sacré de Jimi Hendrix, avec sa réponse à une telle exhortation : *I'm going to live my life the way I want to*, je vais vivre ma vie comme j'en ai envie. J'ai imaginé un affrontement entre Marc et Jimi, chacun choisissant un énorme glaçon qui fondrait dans sa main longtemps avant qu'ils consentent à se battre.

La chatte se frottait contre mon genou. J'ai ouvert une boîte de sardines, lui ai haché sa part, puis j'ai coupé des oignons, fait griller deux tranches de pain d'avoine et me suis préparé un sandwich. Observant mon image à la surface mercurielle du grille-pain, j'ai remarqué que je paraissais simultanément jeune et vieille. J'ai mangé à la hâte, n'ai pas nettoyé derrière moi, en quête d'un petit signe de vie, tandis qu'une armée de fourmis traînait des miettes délogées dans les fissures entre les carreaux de la cuisine. J'attendais avec impatience que les bourgeons éclosent, que les colombes roucoulent, que l'obscurité se lève, que le printemps revienne.

Marc Aurèle nous demande de prendre acte du passage du temps les yeux ouverts. Dix mille ans ou dix mille jours, rien ne peut arrêter le temps, ni changer le fait que j'aurai soixante-dix ans au cours de l'année du Singe. Soixante-dix ans. Un simple nombre, mais qui indique le passage d'un pourcentage significatif du temps alloué dans le sablier, sachant qu'on est soi-même l'œuf dont on mesure le temps de cuisson. Les grains se déversent et je remarque que les morts me manquent plus que d'habitude. Je remarque que je pleure davantage quand je regarde la télévision, émue par une histoire sentimentale, un inspecteur à la retraite qui se prend une balle dans le dos alors qu'il contemple la mer, un père las sortant son nourrisson d'un berceau. Je remarque que mes propres larmes me brûlent les yeux, que je cours moins vite et que ma notion du temps qui passe s'accélère.

Je fais ce que je peux pour tourner cette image récurrente en ma faveur, allant même jusqu'à remplacer le minuteur par un sablier en cristal dans lequel s'écoule de la poussière de marbre, du genre de ce qui fut trouvé dans la petite étude aux murs de bois de saint Jérôme ou l'atelier d'Albrecht Dürer. Même s'il existe très probablement quelque principe fini concernant le débit du sable dans un sablier, aucun avantage à avoir un sablier majestueux ou des grains absolument parfaits.

Depuis que j'ai lu Marc, je tâche d'être plus consciente des heures qui passent, du fait que je pourrais le voir se produire, ce changement cosmique d'un chiffre à l'autre. Malgré tous les efforts, février s'enfuit, même si, comme c'est une année bissextile, il y a un jour de plus à observer. Je regarde fixement le nombre 29 sur le calendrier, puis, à contrecœur, arrache la page. Le premier mars. Mon anniversaire de mariage, vingt ans sans lui, ce qui m'amène à sortir une boîte oblongue de sous le lit, j'ouvre le couvercle suffisamment long pour lisser les plis d'une robe victorienne partiellement dissimulée sous un voile fragile. En faisant glisser la boîte pour la remettre à sa place, je me sens étrangement déstabilisée, un moment de vertigineux chagrin.

Dans le monde extérieur, le ciel s'était vite obscurci, de grands vents déferlaient des quatre points cardinaux, sévissant de concert avec un afflux rapide de pluies torrentielles et, d'un coup, tout a éclaté. C'est arrivé tellement vite que je n'ai pas eu le temps de récupérer les vêtements et les livres qui étaient au sol, ni de refermer hermétiquement ma lucarne défectueuse, l'eau jaillissait de partout, me montant au-dessus des chevilles, puis jusqu'aux genoux. J'ai eu l'impression que la porte disparaissait, j'étais prise au piège au milieu de ma chambre, lorsqu'une noirceur elliptique, une ouverture qui s'élargissait, prenant une bonne partie de la cloison en plâtre, s'est ouverte sur un long chemin jalonné de jouets sombres. Pataugeant dans cette direction, j'ai vu des toupies errantes traverser en zigzaguant un étroit pré de jonquilles, les tondant, jetant leurs têtes en forme de trompettes dans l'air instable. J'ai tendu la main, cherchant à l'aveuglette un chemin vers la sortie ou vers le vide, lorsqu'un chœur de ce qui ressemblait à des cris d'oiseaux m'a fait sursauter.

— Ce n'est qu'un jeu, a gazouillé une voix espiègle.

Il n'y avait pas d'erreur possible, c'était le ton dédaigneux de l'enseigne. J'ai reculé, tâchant de rassembler mon courage.

— Très bien, ai-je répliqué, mais quel jeu ?

— Le Jeu du Chaos, bien sûr.

Je connaissais un peu ce soi-disant jeu. Le Chaos, un jeu majuscule avec une divinité minuscule, les ennuis assurés pour le participant non averti. On se trouve aux prises avec les éléments d'une redoutable équation. Un mauvais œil, deux étoiles tournoyantes, des vitesses en changement perpétuel. Sans équivoque, un chaos, à l'instigation du dieu lunaire actuel et de son groupe de singes ailés, une engeance envahissante qui s'abattit jadis sur l'insouciante Dorothy dans les champs hypnotiques d'Oz.

— Je pense que je vais passer mon tour, ai-je dit, catégorique, et aussi soudainement que tout avait commencé, ça s'est abruptement arrêté.

J'ai pris la mesure des dégâts. Hormis un peu de bazar, tout était comme avant. Confrontée au calme soudain, j'ai inspecté la paroi sur toute la longueur : pas la moindre trace d'un accès de forme ovale, pas une ondulation, le plâtre était parfaitement lisse. J'ai passé la main sur la surface, imaginant des fresques, un atelier où s'alignaient des cuves de pigments scintillants, un ciel bleu de Prusse, de l'ocre jaune et un lac carmin. J'ai jadis aspiré à vivre à de telles époques, jeune fille coiffée de mousseline, contemplant l'aquarelle du cercle chromatique, clair et foncé, tournant lentement sous la surface d'un bassin de mercure. J'ai remarqué que le narcisse de printemps, ayant momentanément retrouvé ses sources, avait bourgeonné trop tôt, puis je l'ai observé qui frissonnait et se repliait sur lui-même.

De l'eau ruisselait par le joint non hermétique de la lucarne. Des fleurs coupées partout, dégageant un parfum anesthésiant lorsqu'elles sont foulées aux pieds. Ignorant tout effet somnolent, j'ai jeté à la poubelle toutes les têtes jaunes, j'ai sorti la serpillière et le seau et nettoyé le parquet. Ensuite, je me suis attelée à la tâche consistant à séparer plusieurs pages imbibées d'eau d'un manuscrit éparpillé, consternée de voir des mots se dissoudre en traînées indéchiffrables.

— Le bassin est aussi un miroir, ai-je dit à voix haute, à l'intention de quiconque écoutait peut-être.

Je me suis assise sur le bord du lit, ai pris quelques profondes inspirations avant d'enfiler des chaussettes sèches. Les jours de mars à venir me narguaient. La mort d'Artaud. Le décès de Robert Mapplethorpe. La naissance de Robin, et l'anniversaire de ma mère le jour où, dit-on, les hirondelles reviennent à Capistrano, la veille du premier jour du printemps. Ma mère. Parfois j'avais tant envie d'entendre sa voix. Je me demandais si ses hirondelles reviendraient cette année, une question d'enfant revisitée.

Vents de mars. Mariage de mars. Les ides de mars. Josephine March. Mars sacré et son cortège d'associations fortes. Et puis bien sûr, il y a toujours eu le Lièvre de mars d'Alice au pays des merveilles. Je me souviens, petite, d'avoir été rudement impressionnée par le Lièvre excentrique, persuadée que lui et le Chapelier fou n'étaient qu'une seule et même entité, ayant en anglais les mêmes initiales. Je me cramponnais à l'idée qu'ils étaient transposables mais toutefois capables de rester eux-mêmes. Les adultes rationnels considéraient que c'était improuvable et cependant rien ne pouvait me faire changer d'avis, ni l'illustration de Tenniel, ni le dessin animé de Disney, ni Lewis Carroll lui-même. Ma logique était peut-être trouée comme une passoire, mais le pays des merveilles aussi était troué. Le Lièvre présidait à un thé interminable, alors que le temps calculable avait été tué bien avant que la réception commence. C'était le Chapelier qui s'était chargé de la tuerie, écartant les bras et chantant l'immuable thème du pays des merveilles, un thème que j'ai écouté avec ferveur durant toute mon enfance. Quand Johnny Depp a embrassé le rôle du Chapelier, lui aussi a été happé par cette multiplicité de l'être et a cessé d'être seulement Johnny. Il est assurément devenu le héraut de cette sainte chansonnette.

— Mourrons-nous un peu ? chantait-il en écartant les bras comme pour tout englober. J'ai entendu ça de mes propres oreilles tandis que chaque note faisait ploc comme une joyeuse larme, puis se dissipait. Depuis lors, j'ai souvent réfléchi à la question du Chapelier de Johnny – *Mourrons-nous un peu ?* Que pouvait-il bien entendre par là ? Un irréprochable petit morceau de monde à l'envers, assurément, ou une sorte de sortilège homéopathique, une petite mort immunisant contre les terreurs de la plus grande.

Les premières heures de mars se métamorphosaient en jours. Je me suis laissé guider, à peine une gouttelette glissant le long de la queue en spirale du singe. Le jour anniversaire de ma mère, il fut indiqué que les hirondelles étaient effectivement revenues à Capistrano. Cette nuit-là, j'ai rêvé que j'étais de retour à San Francisco à l'hôtel Miyako. Je me trouvais debout au centre d'un jardin zen qui était à peine plus qu'un vulgaire bac à sable, et j'ai entendu la voix de ma mère. Patricia, elle n'a rien dit d'autre.

Le premier jour du printemps, j'ai secoué le lit de plume et ouvert les volets. Des médaillons virtuels tombaient des branches de jeunes arbres et la fragrance engourdissante du narcisse est revenue. J'ai commencé à faire le ménage, sifflotant un air souvent oublié, persuadée que nous, comme les saisons, finissons par l'emporter, et que dix mille ans n'est qu'un clin d'œil à l'échelle d'une planète à anneaux ou d'un archange armé d'un sabre de verre.

Le Stetson de Sam

GRAND ROUX

Le premier avril. Un escroc prétendait briguer les rênes du pouvoir, tandis que des boules de confusion nous arrivaient dessus, des dizaines de calots d'acier, qui roulaient sous nos pieds, nous faisaient trébucher, nous maintenaient en déséquilibre. Les nouvelles s'abattaient sur nous et les esprits turbinaient pour essayer de comprendre quelque chose à la campagne d'un candidat concoctant des mensonges à une telle vitesse qu'on n'arrivait ni à suivre, ni à s'en détacher. Le monde se tordait selon ses caprices, aspergé d'une substance métallique, la pyrite, ou « l'or du fou » comme on l'appelle parfois, commençant déjà à s'écailler. De la pluie et encore de la pluie, les averses d'avril, comme dans la comptine, s'abattaient sur toute l'Amérique, à l'ouest sur le comté de Marin, témoin mélancolique des luttes de Sandy. J'ai essayé d'ignorer le malaise, de faire mon travail, de dire mes prières, d'attendre le moment favorable. Des torrents de pluie se sont abattus sur la lucarne, un millier de rythmes de sabots irréguliers, des énergies munificentes se précipitant vers la terre.

Je me suis assise à mon bureau et j'ai ouvert mon ordinateur, passant laborieusement en revue une longue série de requêtes.

Il y en avait beaucoup, la plupart en rapport avec le travail, et j'ai considéré chaque proposition, m'arrêtant tout excitée en plein milieu. On me proposait un boulot en Australie, dans un an, des concerts à Sydney, Melbourne et un festival à Brisbane. J'ai refermé mon ordinateur, sorti un atlas et me suis penchée sur une carte de l'Australie. Ça faisait une sacrée trotte, et une longue absence, mais je savais exactement ce que je ferais, je donnerais neuf concerts, et ensuite, une fois le groupe reparti, je sauterais dans un avion à hélices jusqu'à Alice Springs et j'engagerais un chauffeur pour m'emmener à Uluru. J'ai répondu immédiatement. Oui, j'acceptais la proposition, et j'ai noté les jours sur le calendrier 2017, qui était complètement vierge. Plusieurs A pour le mois de mars prochain, de l'Australie à Ayers.

L'enseigne du Dream Motel avait inexplicablement compris que je désirais voir Ayers Rock, tout comme Ernest. Des décennies plus tôt, mon jeune fils, inspiré par un dessin animé australien que nous avions regardé ensemble, avait fait des dessins au crayon de couleur rouge dans mes calepins, masquant ce que j'avais pu y inscrire. Les espoirs d'y aller un jour avec Sam étaient réduits à néant, mais assurément je m'y rendrais avec sa bénédiction. Dans le placard, mes bottes attendaient, leurs semelles curieusement incrustées de la terre rouge d'un endroit où je n'avais jamais mis les pieds.

J'ai appelé Sam quelques jours plus tard sans toutefois évoquer le grand monolithe rouge. Au lieu de cela, nous avons parlé de chevaux roux.

— C'était l'anniversaire de Secretariat il y a quelques jours.

— Mais, comment peux-tu connaître la date d'anniversaire d'un cheval ?

Sam a éclaté de rire.

— Parce que c'est un cheval que tu aimes, ai-je dit.

— Viens dans le Kentucky. Je te raconterai l'histoire de Man o' War, un autre grand roux. On pourra parier au Derby et regarder la course à la télévision.

— Entendu, Sam. Mais je me renseignerai d'abord sur les autres chevaux.

Le premier mai, j'étais installée dans ma véranda à Rockaway. Il n'y avait guère que des fleurs des champs bleues qui poussaient dans mon petit lopin, à croire qu'il avait été planté par le ciel. Là-bas, à seulement un long trajet en métro de distance, la vision du monde se dissipe. Ce qu'il reste c'est un petit nombre de papillons, deux coccinelles et une mante religieuse. Tout ça c'est parti de mon bureau, avec un portrait format cabinet de Baudelaire jeune, une photo prise dans un photomaton de Jane Bowles, un christ en ivoire sans bras et une petite gravure encadrée d'Alice conversant avec le Dodo. Tout ça c'est parti d'un Polaroid légèrement flou de Sam et moi au Café'Ino, il y a quelques années, quand les choses étaient presque normales.

J'ai examiné le *Morning Telegraph*, comme je le faisais quand j'étais petite, imitant mon père, un handicapeur méditatif. Peut-être était-ce dans mon sang, car habituellement j'étais plutôt bonne lorsqu'il s'agissait de choisir des chevaux, surtout celui qui arrivait à la deuxième place. Je ne parvenais pas à me faire une idée sur les chevaux de cette course, mais j'ai finalement opté pour Gun Runner. Deux jours plus tard, j'ai acheté un billet pour Cincinnati, payé un chauffeur pour qu'il me fasse franchir la frontière entre les deux États jusqu'à une station-service près de Midland, où l'on passerait me prendre. J'ai aperçu le pick-up blanc qui s'approchait. Sam et sa sœur Roxanne. J'ai remarqué avec un pincement au cœur que Sam ne conduisait pas.

Pour le Thanksgiving de l'année précédente, Sam était venu me chercher à l'aéroport au volant de son pick-up, non sans quelques

difficultés, se servant de ses coudes pour tourner le volant. Il faisait ce qu'il pouvait, et lorsqu'il y avait quelque chose qu'il ne pouvait pas faire, il s'adaptait. À cette époque, il relisait *The One Inside*. On se réveillait tôt, on travaillait plusieurs heures, puis on faisait une pause, on s'asseyait dans ses fauteuils Adirondack et, en général, on discutait littérature. Nabokov, Tabucchi et Bruno Schulz. Je dormais sur le canapé en cuir. Le bruit de son appareil respiratoire était doux, un bourdonnement enveloppant. Une fois qu'il était au lit, qu'il avait sa couverture remontée et les mains jointes, je savais que c'était l'heure de s'endormir et quelque chose en moi acquiesçait.

— Tout le monde meurt, avait-il dit, baissant la tête, contemplant les mains qui lentement perdaient de leur vigueur, et pourtant ça, je ne l'ai pas vu venir. Mais j'accepte la situation. J'ai vécu ma vie comme j'ai voulu.

Et maintenant, comme toujours, nous passions en mode travail. Il était dans la dernière ligne droite, il voulait absolument terminer *The One Inside*. Physiquement, écrire était devenu pour lui de plus en plus pénible, alors je lui lisais le manuscrit et il réfléchissait à ce qu'il fallait faire. Ses dernières modifications nécessitaient plus de réflexion que d'écriture, il recherchait les combinaisons de mots désirées. Tandis que le livre se déployait, j'étais éblouie par le panache de son écriture, un mélange narratif de poésie filmique, d'images du Sud-Ouest, de rêves surréalistes et de son humour noir si singulier. Des aperçus de ses défis présents émergeaient ici et là, vagues mais indéniables. Le titre anglais était extrait d'une citation de Bruno Schulz, et lorsque la question de la couverture s'est posée, la réponse était juste là, une image de la photographe mexicaine Graciela Iturbide que Sam avait calée dans un coin de la fenêtre de sa cuisine. Une femme seri aux cheveux noirs détachés et jupes flottantes dans le désert de Sonora, portant un ghetto-blaster. Nous l'avons regardée pardessus notre café, hochant la tête avec complicité. De la fenêtre on pouvait voir ses chevaux s'approchant de la clôture. Des chevaux qu'il ne pouvait plus monter. Il n'en a jamais dit un mot.

Le matin du Derby, nous avons fait nos paris. Tout allait se passer très vite et aucun de nous deux ne pressentait véritablement un vainqueur. Sam m'a dit de miser sur Gun Runner à l'une des trois premières places, ce qui nous garantirait un gain même s'il arrivait troisième, c'est donc ce que j'ai fait. Le top départ serait donné à 6 h 51, heure d'été sur la côte est, la 142e course à l'hippodrome de Churchill Downs. Tandis que nous nous rassemblions autour de la télé, je me suis rendu compte que c'était l'anniversaire de Dewey Smith, feu mon beau-père. Du temps où mon mari était en vie, nous nous rassemblions aussi autour de la télé chez ses parents pour regarder le Derby, et je me suis demandé quel cheval aurait choisi Dewey. Il était né dans l'est du Kentucky et son père était un shérif qui patrouillait dans son comté à cheval, avec un fusil griffé d'entailles. Trois années d'affilée, au grand étonnement de Dewey, j'avais choisi le cheval arrivé en deuxième position, mais ce jour-là, mon cheval, Gun Runner, est arrivé troisième.

Après dîner, je suis sortie, me suis assise sur les marches du perron pour contempler le ciel. La lune était décroissante, comme le tatouage entre le pouce et l'index de Sam. Une espèce de magie, ai-je murmuré, c'était plus une supplication qu'autre chose.

Quelques jours après mon retour à la maison, j'ai reçu un petit colis et une note de la sœur de Sam. Sam m'envoyait son couteau de poche avec mes gains, le tout enveloppé dans du papier journal. J'ai placé le couteau dans une vitrine, à côté de la tasse à café de mon père. Les jours qui ont suivi, je me suis sentie fatiguée et indécise, pas du tout comme à mon habitude. Je me suis raisonnée, me suis dit que c'était juste un coup de mou, je couvais peut-être un rhume, et j'ai décidé de ne rien faire.

Le treize mai, jour de la fête de Jeanne d'Arc, était traditionnellement un jour d'optimisme forcé. Je me sentais encore faible et ma toux avait dégénéré, pourtant j'avais l'impression que quelque chose glougloutait par en dessous, qu'il allait arriver quelque chose, comme la naissance d'un poème ou l'éruption d'un petit volcan. Cette nuit-là, j'ai fait un rêve qui m'a paru être davantage un cadeau qu'un rêve, thérapeutique et pur comme un ruisseau arctique cristallin.

Dans le rêve, nous étions seuls dans la cuisine et Sam me parlait de la chaleur au cœur de l'Australie, de l'éclat rubis d'Ayers Rock, il me racontait qu'à l'époque – en ce temps-là, comme il disait –, avant l'apparition des hôtels, il y était allé seul sans aucun guide, en jeep, et avait tout vu par lui-même. Une bobine de souvenirs, comme une vidéo amateur à gros grain, défilait, et nous l'avons regardé sortir de la jeep et entamer l'escalade interdite. Il rassemblait les larmes des aborigènes. Elles étaient noires, et non pas rouges, et il les glissait dans une petite bourse en cuir élimé, comme la bourse gri-gri tombée de la poche de Tom Horn lorsqu'ils l'ont pendu pour Dieu sait quoi.

Je regardais Sam assis immobile dans son fauteuil roulant mécanisé qui était garé devant la table de la cuisine. Sa tête était devenue un diamant massif se tournant lentement, émettant des rayons de ses yeux encroûtés. Il y avait encore de l'espoir à ce moment-là, et pourtant il était déjà très mal en point. La pièce se contractait et se dilatait comme un poumon ou le soufflet d'une cornemuse. Je suivais docilement ses ordres et lui enlevais l'arrivée d'oxygène.

— Tu es prête ? disait-il.

— Mais, comment peux-tu respirer ?

— Je n'en ai plus besoin, répondait-il.

Nous cheminions jusqu'à ce que Sam trouve l'endroit qu'il cherchait, puis nous nous asseyions sur des caisses en bois, et nous attendions. Une femme arrivait et se mettait à l'ouvrage, plaçant une table basse devant nous. Une autre apportait deux bols mais pas de couverts, et une troisième un chaudron de soupe fumante. Le fœtus d'un poulet noir flottait dans un bouillon de dix-huit herbes médicinales, avec neuf jaunes d'œufs, formant une couronne autour de sa tête minuscule. Un système solaire de jaunes d'œufs, un arc parfait d'une minuscule épaule à l'autre.

— C'est une très ancienne recette, expliquait-il, ce bouillon vient du soleil. Bois-le, c'est un cadeau.

On me tendit une louche et les femmes se retirèrent. J'étais consternée d'être obligée d'être celle qui détruisait l'image flottante qui avait déjà pris l'aspect d'une image pieuse brodée sur tissu.

— Il faudra que tu le fasses, disait-il tête baissée, contemplant ses mains.

J'étais certaine que ça me rendrait malade, mais il m'adressait un clin d'œil, alors je buvais, et soudain un sentier apparaissait, un sentier de poussière d'étoiles. Nous nous élevions mais je me détournais, je me sentais déconcertée. Alors Sam commençait à parler, il me racontait l'histoire de Man o' War, le plus grand cheval de course ayant jamais vécu. Et il me disait qu'il était possible d'aimer un cheval autant qu'un être humain.

— Je rêve de chevaux, chuchotait-il. J'ai rêvé d'eux toute ma vie.

Nous poursuivions le voyage et je tombai malade, comme je l'avais craint. Au bout de trois jours j'étais encore en train de transpirer et de vomir. J'étais épuisée, déshydratée, et nous étions obligés de nous arrêter à tous les ruisseaux imaginables pour que je puisse boire. Au quatrième jour, je voyais Sam prendre l'eau au creux de ses propres mains.

— Comment est-ce possible ? me demandais-je.

— Le bouillon fait effet, disait-il, lisant dans mes pensées.

Toutefois il ne parlait pas véritablement. Il se tenait debout à l'orée d'une énorme gorge, plus imposante que le Grand Canyon, plus vaste que le cratère géant de gisements de diamants en Sibérie, mâchonnant l'extrémité d'une paille. J'étais assise, très calme. Il écoutait une cavalcade solitaire, comme émanant du souffle d'un rêve mortel. Et ensuite je voyais par son troisième œil le plus grand cheval de course ayant jamais vécu, une étoile blanche sur le front, le dos rouge et embrasé comme un charbon ardent dans l'obscurité.

La tasse de mon père

ENTRACTE

Rien n'est jamais résolu. Résoudre est une illusion. Il y a des moments d'éclat spontané, quand l'esprit apparaît émancipé, mais ce n'est que simple épiphanie.

Tels étaient les mots qui se traînaient cinétiquement, comme si cette satanée enseigne m'avait suivie jusqu'à New York. Je me suis réveillée en sursaut, assise à ma table. J'avais dû m'assoupir brièvement après avoir travaillé à mon ordinateur, car une file redondante de voyelles errantes ponctuait une phrase non terminée.

— Nécessaires sont les preuves. Seules les preuves garantissent la véritable distinction mathématique.

— Sans parler du poète enquêteur, ai-je répliqué.

Je me lève pour aller aux toilettes, m'arrête pour en essuyer la lunette car il me semble qu'on peut détecter le fantôme d'une empreinte de patte d'animal. Des preuves, je songe, en me lavant les mains. Euclide le savait. Gauss et Galilée. Des preuves, dis-je à voix haute, scrutant l'espace autour de moi. D'un geste soudain résolu, j'ouvre la fenêtre, dénude le lit et cloue le drap du dessus au mur, examinant sa blancheur. D'un carton rempli de vieilles fournitures, j'exhume un stylo-feutre noir à pointe fine, de ceux que les artistes utilisaient au vingtième siècle. Après être restée debout plusieurs minutes sans bouger, je trace les sinuosités et courbes de la stratosphère à la surface du drap.

Au cours des jours qui suivent, les notations sur le drap se multiplient. Des bribes de grec, des expressions algébriques, des rubans de Möbius, et la bobine rouillée d'un ressort zébrant le drap de traces d'une équation indéchiffrable.

— Rien n'est résolu, annonce l'enseigne sur un ton de réprimande.

— Rien n'est résolu, s'écrie la Justice avec sa balance en déséquilibre.

Suivant leurs voix, j'entre dans la bibliothèque d'une vaste pièce avec des volumes massifs contenant des images collées, bien conservées, comme dans un album avec des légendes rédigées au crayon à papier. Le navire approchant du port de Brindisi tandis que Virgile rend son dernier soupir. Des navires fantômes gelés en mer arctique, tapissés de voiles de glace scintillant comme des diamants africains. Les os flottants de géants préhistoriques ayant été jadis de fiers icebergs. Des vaisseaux migrants renversés et les visages bleus d'enfants, et des ruches qui s'écroulent et une girafe morte.

Rien n'est résolu, chuchote une volute de poussière tandis que je replace le lourd volume sur une étagère tout aussi poussiéreuse. Strictement rien, cosmiquement ou comiquement. Je sens que l'enseigne me surveille. Par mesure de représailles, je la surveille moi aussi, navrée cependant de la voir quelque peu affaiblie, l'ombre d'elle-même.

— Rien n'est résolu, répète l'enseigne.

— Rien n'est résolu, répond la nature en écho.

Je cherche du réconfort dans les nuages dont les formes changent vite – un poisson, un colibri, un garçon avec masque et tuba, des images d'après-midi évaporés.

Ce sont la chaleur sans précédent, le récif à l'agonie et l'effondrement du plateau continental arctique qui me hantent. C'est Sandy qui ne cesse de perdre et de reprendre conscience, luttant contre un assaut d'infections bactériennes, tout en esquissant ses propres scénarios apocalyptiques en direct des boyaux de l'hôtel Heart o' the City. Je l'entends réfléchir, j'entends les murs respirer. Il est peut-être temps de faire une pause, une sorte d'entracte, se retirer d'un scénario, permettre à autre chose de se déployer. Quelque chose de négligeable, de léger et d'entièrement inattendu.

Il y a un certain temps, durant un entracte de *Tristan et Isolde* à la Scala, cherchant les toilettes, je suis entrée par erreur dans une pièce qui n'était pas fermée à clé, où des tenues de Maria Callas étaient prêtes à être exposées. Là, devant moi, se trouvait le fameux caftan noir qu'elle portait lorsqu'elle avait incarné Médée dans le film réalisé par Pier Paolo Pasolini. Il y avait également sa robe, sa coiffe avec le voile, les nombreux rangs de lourdes perles ambrées et la chasuble très richement brodée qu'elle était obligée de porter pour courir à travers le désert par une chaleur si intense qu'il fut dit que Pasolini était en short de bain pendant le tournage. Sa Médée avait beau être interprétée par la soprano la plus talentueuse au monde, elle ne chantait pas, ce que Sandy et moi trouvions d'une exquise irrévérence, ajoutant une tension dissidente à sa performance splendide. J'ai soulevé l'ambre et passé la main le long de sa robe, celle-là même qui l'avait transformée en sorcière du royaume de Colchide. La sonnerie a retenti et je me suis empressée de regagner ma place, mes compagnons n'ayant par ailleurs rien remarqué d'inhabituel. Ils ne se doutaient pas que pendant l'entracte j'avais tâté les habits sacrés de Médée, dont les fils étaient imprégnés de la sueur de la grande Callas et des empreintes de main invisibles de Pasolini.

Rien n'est résolu, mais je fiche quand même le camp, dis-je en faisant ma petite valise. Le trousseau habituel : six tee-shirts

Electric Lady, six petites culottes, six paires de chaussettes abeille, deux carnets, des remèdes à base de plantes contre la toux, mon appareil photo, les derniers paquets de pellicule Polaroid légèrement périmée, et un livre, les poésies complètes d'Allen Ginsberg, un clin d'œil en prévision de son anniversaire à venir. Sa poésie m'accompagnera lors d'une courte tournée de conférences qui me verra passer par les villes de Varsovie, Lucerne et Zurich, où je serai libre durant la journée de disparaître par les ruelles, certaines familières, d'autres inconnues, me conduisant à d'inattendues découvertes. Se laisser aller à un peu d'errance, un peu de repos après les clameurs et les cris du monde. Les rues que Robert Walser avait arpentées. La tombe de James Joyce juste là, en haut d'une colline. Le costume de feutre gris de Joseph Beuys suspendu sans surveillance dans une galerie vide d'Oslo.

Au cours de mes voyages, je me déconnecte des informations, relis les poèmes d'Allen, ample juke-box à hydrogène, contenant toutes les nuances de sa voix. Lui ne se serait pas mis à l'écart de l'atmosphère politique du moment, il aurait au contraire sauté dedans à pieds joints, usant de toute sa voix, invitant tout le monde à la vigilance, à se mobiliser, à voter, et au besoin à se faire embarquer en panier à salade, paisiblement désobéissant.

Tandis que je passe d'une frontière à l'autre, l'atmosphère de mouvement acquiert une texture irréelle. Les enfants semblent sortis d'un film d'animation, des poupées de papier en petite veste traînant leurs propres valises décorées des insignes de leurs propres voyages. J'ai envie de les suivre mais je continue mon chemin, mon périple prédestiné jusqu'à Lisbonne, la ville aux nuits pavées.

C'est là que je rencontre l'archiviste de la Casa Fernando Pessoa, où je suis invitée à passer du temps dans la bibliothèque personnelle du poète bien-aimé. On me donne des gants blancs, afin que je puisse examiner certains de ses livres préférés. Il y a

PHOTO

des romans policiers, l'intégralité des poèmes de William Blake et de Walt Whitman, ses exemplaires précieux des *Fleurs du mal*, des *Illuminations* et les contes d'Oscar Wilde. Ses livres semblent être une fenêtre sur l'âme de Pessoa, plus intimes que ses propres écrits, car il avait de nombreux alter ego, tous écrivant sous leur nom, alors que c'est Pessoa lui-même qui avait acquis et aimé ces livres. Ce modeste constat m'intriguait. L'écrivain développe des personnages indépendants qui vivent leur propre vie et écrivent sous leur propre nom, pas moins de soixante-quinze, chacun ayant son chapeau et son manteau. Alors comment pouvons-nous connaître le véritable Pessoa ? La réponse se trouve sous nos yeux, ses propres livres, une bibliothèque singulière parfaitement conservée.

Enregistrer le poème « Salut à Walt Whitman » pour les archives orales, écrit justement par l'une de ses créations – Álvaro de Campos – , me remonte le moral. Il se trouve que j'ai lu la veille au soir le poème pour Whitman d'Allen, et les bibliothécaires qui s'occupent de ses livres sont ravis d'entendre cette coïncidence. Le temps passe vite et j'oublie de demander s'ils ont certains des chapeaux à larges bords de Pessoa, que j'imagine dans leurs boîtes d'origine, peut-être dans quelque placard dissimulé avec un étalage de pardessus jadis utilisés pour ses promenades nocturnes clandestines. En rentrant à mon hôtel, je passe devant sa réplique forgée dans le bronze, qui néanmoins semble en mouvement.

C'est dans la ville de Pessoa que je m'attarde, cependant j'aurais du mal à dire ce que je fais exactement. Lisbonne est une bonne ville pour se perdre. Les matinées dans les cafés à griffonner dans un nouveau carnet, un de plus, chaque page blanche offrant une évasion, le stylo en action, fluide et constant. Je dors bien, rêve peu, j'existe tout simplement au sein d'un entracte ininterrompu. Lors d'une promenade au crépuscule, des vagues de musique traversent la vieille ville, évoquant la voix basse et sonore de mon père. Oui, *Lisbon Antigua*, une de ses chansons préférées. Je me revois, petite, lui demander ce que voulait dire le titre. Il souriait en disant que c'était un secret.

Mes frères et mes sœurs, on sonne les vêpres. Des lanternes illuminent le tracé des rues. Dans un silence à la Edward Hopper, je suis le chemin que Pessoa a jadis emprunté à toute heure. Un écrivain à plusieurs têtes, tant de façons de voir, et tant de journaux intimes, étiquetés de tant de noms. Foulant les passages piétons carrelés, effleurant les murs couverts de vigne vierge, je passe devant une fenêtre et remarque un monsieur debout au bar, légèrement voûté, griffonnant dans un carnet. Il porte un pardessus brun et un chapeau de feutre. J'essaye d'entrer mais il n'y a pas de porte. Je le regarde à travers la vitre et le visage que je vois est familier sans l'être.

— Il est juste comme toi et moi.

C'était de nouveau l'enseigne, mon ennemie clairvoyante, mais au cœur de ma solitude forcée, je n'ai pu m'empêcher de m'en réjouir.

— Tu crois vraiment ?

— J'en suis absolument sûre, répond l'enseigne, non sans une certaine tendresse.

— Tu sais, je chuchote, tu avais raison, je vais vraiment aller à Ayers Rock.

— Les semelles de tes chaussures sont déjà rouges.

Je n'ai pas demandé à l'enseigne comment s'en tirait mon mari dans je ne sais quelle place de l'univers lui étant allouée. Je n'ai pas posé de questions sur le sort de Sandy. Ni de Sam. Ces choses sont interdites lorsqu'on implore les anges par la prière. Je le sais très bien, on ne peut pas demander une vie, ou deux vies. On ne peut légitimement qu'espérer une plus grande force dans le cœur de chaque homme.

Café A Brasileira, Lisbonne

Les rues pavées me conduisent à ma maison provisoire. Ma chambre est un mélange charmant de simplicité et de détails peu communs. Il y a un lit en bois sculpté avec un dessus-de-lit en lin et un petit bureau avec un presse-papiers treillissé et un coupe-papier en ivoire teinté. Le maigre stock de papier à lettres, de quoi rédiger une seule missive, est néanmoins en fin parchemin aux reflets dorés. Le sol de la salle de bains est une mosaïque étincelante composée de tout petits carreaux bleus et blancs, comme le fond de thermes romains.

Je m'installe au bureau et sors mon vieil appareil photo Polaroid Land de mon sac pour en inspecter les soufflets. Le recueil d'Allen est ouvert à la page du poème « Un supermarché en Californie ». Je me le représente assis en tailleur par terre, à côté de son tourne-disque, chantant en chœur avec Ma Rainey. Commentant Milton, Blake et les paroles d'*Eleanor Rigby*. Humectant le front de mon jeune fils qui souffrait de migraine. Allen psalmodiant, dansant, mugissant. Allen dans son sommeil de mort avec un portrait de Walt Whitman suspendu au-dessus de lui, et le compagnon de sa vie, Peter Orlovsky, agenouillé à son côté, le recouvrant de pétales blancs.

Je suis fatiguée mais contente, persuadée d'avoir quelque peu démêlé le secret de la ville. Dans le tiroir de la table de nuit se trouve une carte de poche illustrée, un petit guide de la ville de Sabrosa, où est né Magellan. J'ai le vague souvenir d'avoir dessiné un navire faisant le tour du monde à la table de la cuisine. Mon père en train de préparer du café, sifflant l'air de *Lisbon Antigua*. J'arrive presque à entendre les notes se mélangeant au son du percolateur. Sabrosa, je chuchote. Quelqu'un est en train d'attacher ma ceinture de sécurité. Le lit en bois au coin de la chambre paraît si loin, et tout n'est qu'entracte, de peu d'importance mais plein de tendresse.

IL EST CHEZ LUI, LE MARIN

Le drap que j'avais cloué à mon mur était encore là, accroché comme une voile distendue. Je l'avais complètement oublié. L'état d'esprit qui avait présidé aux inscriptions très élaborées avait changé. En outre, de fortes pluies avaient provoqué des fuites de la lucarne et le drap était maintenant maculé de bandes couleur rouille qui semblaient contenir une langue bien à elles, apparaissant et disparaissant dans mon sommeil sporadique.

Pas de lune, ciel noir au-dessus. Ressaisis-toi, il n'est que quatre heures du matin, me dis-je en allant d'un pas lourd dans la salle de bains, étrangement spacieuse, comme si deux petites pièces avaient été évidées pour produire une anomalie inutile. Il y a un vieil évier de ferme, une petite douche carrelée, une baignoire pattes de lion obsolète débordant de linge de maison, et assez de place pour disposer un matelas sur lequel s'étendre les chaudes soirées d'été. Au mur se trouve une glace légèrement mouchetée avec une carte postale délavée de *Victoria*, le deuxième navire le plus petit de la flotte de Magellan, piloté par l'explorateur lui-même.

Ne sentant pas le sommeil poindre à l'horizon, je déroule le matelas et recours à un vieux jeu, conçu à l'origine pour m'amener subrepticement au sommeil. Je m'imagine en matelot à l'époque des grands baleiniers, partie pour un long périple. Nous sommes pris au cœur d'un violent orage et le fils inexpérimenté du capitaine se prend le pied dans un bout et bascule par-dessus bord. Sans hésiter, le matelot saute dans la houle secouée par la tempête pour tenter de le sauver. Les hommes envoient du cordage en renfort et le gamin est remonté à bord dans les bras du matelot et emmené dans la cale.

Le marin est convoqué au gaillard d'arrière, on le conduit dans les quartiers du capitaine. Trempé, tremblant, il regarde autour de lui avec émerveillement. Le capitaine, en un rare moment d'émotion, l'étreint. Tu as sauvé la vie de mon fils, dit-il. Dis-moi ce que je peux faire pour toi. Le marin, gêné, demande une pleine mesure de rhum pour tous les hommes. Entendu, dit le capitaine, mais pour toi ? Après quelques hésitations, le marin répond : depuis que je suis môme je dors à même le sol de la cambuse, sur des couchettes ou dans des hamacs, ça fait longtemps que j'ai pas dormi dans un vrai lit.

Le capitaine, ému par l'humilité du matelot, offre son propre lit, puis se retire dans la chambre de son fils. Le marin se tient devant le lit vide du capitaine. Il y a des oreillers de plume et un léger dessus-de-lit, une énorme malle en cuir à ses pieds.

Il se signe, souffle les bougies et succombe à un sommeil rare qui l'engloutit entièrement.

C'est le jeu auquel je joue parfois lorsque j'ai du mal à trouver le sommeil, inspiré de la lecture de Melville, qui m'emmène de mon matelas dans la salle de bains à mon propre lit, où je m'enfonce dans un bienheureux sommeil profond. Mais il n'en serait pas ainsi en cette nuit particulièrement humide. Le singe espiègle, qui joue avec le climat, joue avec les élections à venir, joue avec l'esprit et produit un sommeil aigre, voire pas de sommeil du tout.

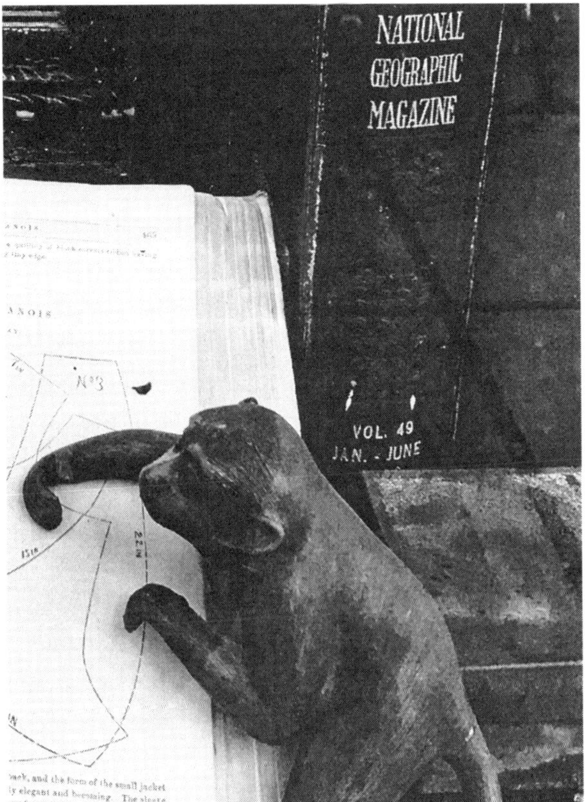

Il regarde autour de lui avec émerveillement

Ponctuant mes songeries embrouillées, la pluie s'abat soudain sur la lucarne. J'observe les traînées se disjoindre et se réaligner en un texte sumérien indéchiffrable. Il y a un seau dans le placard, que je place à l'aplomb, anticipant des fuites intermittentes, un rythme bucolique en soi.

J'allume ma petite télévision, évitant soigneusement les infos. À l'écran, une Aurore Clément blonde chuchote en français tout en bourrant le fourneau d'une pipe d'opium.

— Vous êtes deux, dit-elle, en s'approchant de Martin Sheen, celui qui tue et celui qui aime. Vous êtes deux, répète-t-elle en sortant du cadre. Celui qui va dans le monde et celui qui va en rêve.

Elle se lève, laisse tomber sa robe et détache lentement les pans de la moustiquaire qui encadre leur lit. Il tire sur la pipe, regarde la silhouette de la femme se déplaçant derrière le voile pâle. Sans se presser elle défait chaque pan de la moustiquaire tandis qu'il tend la main vers elle, à travers le brouillard de la guerre cinématographique.

Enfin je sens le sommeil approcher, je dis bonne nuit au marin, au capitaine Willard et à la Française avec la pipe d'opium. J'entends ma mère réciter un poème de Robert Louis Stevenson. *Il est chez lui, le marin, au retour de la mer. Il est chez lui, le chasseur au retour de la colline.* Je vois la main de ma mère passant le rouleau, repeignant une chambre ou lissant un nouveau papier peint. Le générique de fin défile, *Apocalypse Now Redux*. Le filet se referme sur moi, l'élastique est coupé et du sang se précipite dans une fiole, faisant jaillir une pensée inachevée.

Pour Sandy

IMITATION D'UN RÊVE

Sandy ouvre tes yeux. J'ai tracé ces mots de ma main gauche sur la vitre, passant et repassant sur les mêmes traits, comme pour produire une formule magique. Une formule magique ardente à la Artaud, une formule réellement efficace. Mais aucun effort mystique ne pourrait changer la trajectoire de la Faucheuse. On était le 26 juillet. Le prélude s'achevait, Parsifal s'agenouillait devant le cygne mortellement blessé et Sandy Pearlman quittait la terre.

Le même jour, on parlait aux infos des incendies en Californie du Sud, leurs fumées denses remontaient jusqu'au Nevada. La convention démocrate brûlait de son propre mélange inflammable d'espoir et de désespoir. *Solar Impulse 2*, l'avion à énergie solaire, effectuait son dernier tronçon du tour du monde. Les dieux que Sandy avait célébrés enfouissaient leurs têtes de marbre dans des serviettes de bain couleur sable. Il n'entrerait jamais dans la Matrice avec son Keanu Reeves bien-aimé, ni ne circulerait dans le monde fou de Donnie Darko, pas plus qu'il n'écouterait *Angel of the Morning* ou ne mangerait du gâteau au chocolat. Sandy, au cœur qui réfléchit, composant une vaste réinterprétation de l'histoire via un rêve en cours, cherchait désormais son royaume d'Imaginos, capitaine de son propre navire enchanté.

Les journées d'été s'étiraient. Les tournesols étaient en fleur dans tous les champs. Dans ma solitude, j'imaginais des loups hurler. Je les suivais, j'arpentais péniblement le périmètre glacé, passais devant une maison en pain d'épice, un village entier piégé sur une feuille de glace aussi grande que la plus petite des treize colonies. Une colonie à la dérive. J'ai levé la tête, contemplé le soleil, comme dessiné par une main d'enfant, chaque rayon bien distinct.

Le cinq août, jour de son anniversaire, l'anniversaire de mon fils, j'ai ouvert le dessus de mon bureau à cylindre et trouvé le dernier colis que Sandy m'avait posté, arrivé pendant que je voyageais, mis de côté sans avoir été ouvert. Il m'envoyait souvent des cadeaux surprises, sans raison particulière, du chocolat aztèque, des conserves de saumon du Pacifique de Seattle, la traversée par Solti du cycle de quatre opéras de *L'Anneau du Nibelung*. Je l'ai glissé dans mon sac avec d'autres affaires, j'ai pris une demi-livre de pâtes aux châtaignes et de la ciboule avant d'entamer le long trajet en métro jusqu'à mon petit bungalow à Rockaway Beach. J'ai eu du mal avec le cadenas à chiffres de la barrière grillagée, grippé par du sel séché. Le jardin était un champ de bataille de plantains lancéolés démesurés et de dentelles de la reine Anne piétinées.

Une fois à l'intérieur, j'ai ouvert les fenêtres. Cela faisait plusieurs semaines que je n'avais pas mis les pieds à Rockaway, la maison avait besoin d'être aérée. J'ai secoué mon tapis chinois, passé l'aspirateur et le balai à franges sur le carrelage rouge en buvant un thé oolong. J'avais envie de café mais l'humidité avait cristallisé ce qui restait de mon pot de Nescafé.

En ouvrant le petit colis, je me suis représenté Sandy écrivant l'adresse à la hâte, renforçant le paquet avec une quantité excessive d'adhésif. C'était un CD, *Grayfolded*, un enregistrement de

Grateful Dead, difficile à trouver et très convoité. Il avait promis qu'il me le trouverait et il l'avait trouvé. Joyeux anniversaire, Sandy, ai-je dit à voix haute, merci pour le cadeau. Je me sentais extrêmement calme, voire enjouée. J'ai rincé la vaisselle, me suis préparé des spaghettis et me suis assise dans ma véranda avec mon assiette sur les genoux, observant mon jardin où des digitaires tenaces avaient envahi les herbes et les fleurs sauvages, comme des colons la plaine indienne.

Je suis restée assise, immobile, ne me suis pas levée, n'ai pas pris mes outils, n'ai pas taillé ni désherbé. Soudain je me sentais morte – non, pas morte, mais encore plus détachée du monde, reconnaissante, *grateful dead* en un sens. Je sentais la vie détaler, un avion dans les cieux, la mer juste au-delà et les notes de *Dark Star* qui se déployaient et dérivaient à travers ma porte moustiquaire. Je n'arrivais pas à me décider à bouger, et me suis laissé transporter ailleurs, en une période où je ne connaissais pas encore Sandy, bien avant que j'écoute Wagner, vers un autre été à l'Electric Circus, où une jeune fille dansait lentement avec un garçon tout aussi jeune, maladroitement amoureuse.

PAPILLONS NOIRS

Derniers jours d'août avec Sam dans le Kentucky. Nous avions travaillé une bonne partie de l'après-midi. Ressortie au crépuscule pour une brève pause, j'ai été attirée par d'étranges mouvements sur la margelle qui entourait le jardin. Elle était couverte de papillons noirs, il y en avait des dizaines, les uns sur les autres, en une virevoltante frénésie dans la pénombre. Il y avait un discret sifflement, leur chant d'agonie peut-être, leurs ailes foncées comme autant d'habits de deuil. M'est venue à l'esprit une photo que j'avais prise de mes enfants devenus grands à l'enterrement de leur grand-père Dewey. Mon fils en Stetson noir et ma fille en robe noire.

Sam lève la tête et me sourit quand j'entre à nouveau dans la pièce ; nous nous remettons immédiatement au travail. Premières relectures d'un manuscrit récent. Il y a divers changements et de nouveaux passages qu'il prononce pour éviter d'avoir à les écrire à la main. Il y a un certain temps, il me disait qu'il fallait écrire dans la solitude la plus totale, mais la nécessité l'a obligé à modifier son processus d'écriture. Sam s'adapte et semble revigoré par la perspective de se concentrer sur quelque chose de nouveau.

Sa sœur Roxanne me prépare un thé. Tu tousses, me dit-elle. Sam sourit. Ça fait quarante-cinq ans qu'elle a cette saleté de toux. Sam est assis stoïquement dans son fauteuil roulant, les mains posées sur la table. Sa vieille Gibson est dans un coin, une guitare dont il ne peut plus jouer. Et la réalité du présent cogne fort, plus de frappe sur les touches de la machine à écrire, plus de bétail attrapé au lasso, fini la bagarre pour enfiler ses bottes de cow-boy. Cependant je ne dis rien de tout cela, et Sam non plus. Il emplit les silences avec le mot écrit, cherchant une perfection que lui seul peut dicter.

Nous poursuivons, je lis et retranscris, Sam écrit à voix haute en temps réel. La tâche la plus importante est de voler au secours de la solitude. La solitude requise pour écrire, la nécessité absolue de revendiquer ces heures, comme si l'on était projeté à travers l'espace, comme l'astronaute dans *2001*, ne mourant jamais, continuant sur sa trajectoire dans le royaume du film qui ne cesse jamais, pénétrant dans l'infinitésimal, où l'Homme qui rétrécit continue de rétrécir, et, dans cet univers, est son seigneur perpétuel.

— Nous sommes devenus une pièce de Beckett, dit Sam doucement.

Je nous imagine enracinés sur place à la table de la cuisine, chacun de nous deux habitant dans une poubelle avec un couvercle en fer-blanc, nous nous réveillons et sortons nos têtes, nous asseyons devant notre café et notre toast au beurre de cacahuète, attendant que le soleil se lève, complotant comme si nous étions seuls, pas seuls ensemble mais chacun dans son coin, sans déranger l'aura de la solitude de l'autre.

— Ouaip, une pièce de Beckett, répète-t-il.

Tandis que la nuit tombe, sa sœur prépare ce dont il a besoin. Je m'installe dans mon lit de fortune, situé de manière que je puisse le voir.

— Ça va, toi ? demande-t-il.

— Oui, je suis bien, je réponds.

— Bonne nuit, Patti Lee.

— Bonne nuit, Sam.

Je reste allongée, à écouter le son de sa respiration. Il n'y a pas de rideaux et je vois la silhouette des arbres. Le clair de lune illumine les fragiles toiles d'araignées dans les coins de la chambre, le rebord de son lit et la table basse entre nous, chargée de livres, et mes pieds qui dépassent de la couette sous laquelle je suis. Le portrait de nuit que je vois à travers la fenêtre me fait signe. Incapable de dormir, je me lève et sors respirer l'air, observe les étoiles et écoute les grillons, les grenouilles-taureaux qui s'en donnent à cœur joie. J'utilise la lampe de poche de mon téléphone et retourne au jardin de la maison. Les papillons noirs sont encore là, immobiles, recouvrant une portion du muret du jardin, mais je ne peux pas vraiment dire s'ils sont morts ou juste endormis.

Les chaussures de l'écrivain

AMULETTES

J'étais assise au milieu de mon propre désordre. Les cartons empilés contre le mur contenaient deux décennies d'images Polaroid. Me rappelant une mission promise, je me suis décidée à en passer en revue un grand nombre, essentiellement des photos de statues, d'autels et d'hôtels désaffectés. J'y ai passé des heures mais n'ai pas eu la chance de retrouver la photographie que j'avais promise à Ernest – les jeux de Roberto Bolaño. Je ressentais un pincement au cœur, sans d'ailleurs avoir la moindre idée de là où je pourrais l'envoyer si jamais je la retrouvais. *Going in circles. Going in circles.* Les paroles d'une chanson, mais je ne savais plus laquelle. *Going in circles,* ceinte d'images de villes, de rues et de montagnes que je ne pouvais plus identifier, comme autant de preuves ténues d'un ancien crime jamais élucidé.

J'ai mis de côté certaines des photographies prises aux alentours de l'année dernière. Le mur du fond d'On the Bridge couvert d'affiches de *Wolf Girl.* Le café dont les lettres étaient disproportionnées par rapport à l'intérieur de la salle. Un lit défait, le pick-up d'Ernest sous un mauvais angle. Un pélican perché au sommet de l'enseigne du café WOW. Une photo en mouvement d'un bracelet à breloques glissant du tableau de bord d'une

Lexus ; les nombreux talismans de Cammy. Chacun raconte une histoire, avait-elle dit.

Cammy, Ernest, Jesús et la blonde, autant de personnages dans une réalité alternative, des collages noir et blanc dans un monde Technicolor. Y compris l'enseigne et les agents de sécurité sur la plage. Un monde qui en lui-même n'était rien et cependant semblait contenir une réponse pour chaque question indicible dans l'impossible pièce de théâtre du début de l'hiver.

En empilant les Polaroid pour les remettre dans un carton, j'ai trouvé plusieurs enveloppes en papier cristal glissées dans une chemise en papier kraft. Il y avait plusieurs photos du Guggenheim à Bilbao et du hall style années cinquante de l'hôtel de la plage de Blanes. Des images que, de toute évidence, j'appréciais et que j'avais mises de côté. Les chaussures de l'écrivain. La tombe de Virgile. Deux tilleuls dans la brume. L'une après l'autre, chacune un talisman enfilé sur un collier de voyages continus. Et sous la photo d'une fillette aux cheveux bruns bouclés se trouvait celle des jeux de Bolaño. Rien de spécial, en réalité, juste l'intérieur d'un placard, mais exactement ce que je cherchais.

Je me suis assise au sol, relativement satisfaite ; ma recherche n'avait pas été infructueuse. J'ai contemplé l'image de la fillette souriante, la fille de Roberto Bolaño. Elle n'avait pas joué avec les jeux de son père, mais elle avait des jeux à elle. Je me suis imaginé plusieurs fillettes comme elle, faisant la ronde et chantant dans plusieurs langues qui, d'une certaine manière, semblaient être la même. Soudain j'étais fatiguée. Je suis restée où j'étais, me suis appuyée contre le lit, tentant de démêler mes cheveux excessivement emmêlés. Un bref souvenir du démêlage de deux chaînes en or m'est revenu à l'esprit. Des médaillons dorés jumeaux, des visages comme des talismans qui se balançaient, certains en gros plan, certains indistincts.

La licorne captive, *musée des Cloîtres*

À LA RECHERCHE D'IMAGINOS

> Imaginos approchait du soleil en chantant des chansons que personne ne connaissait et des histoires laissées inachevées.
>
> SANDY PEARLMAN

Je marchais sur Atlantic Avenue où j'avais naguère acheté du henné et des disques de reggae qu'on ne trouvait pas ailleurs. Je me suis arrêtée pour farfouiller dans des coffres débordant de costumes jetés au rebut devant un théâtre abandonné, des robes pailletées et des jupes à sequins étincelantes dans le soleil de l'été indien. J'ai déniché une fragile robe de soie, coupée large et pourtant infiniment légère, comme tissée par une fabrique d'araignées militantes. J'ai laissé ma veste sur le dessus d'un carton et enfilé la robe par-dessus mon tee-shirt et ma salopette. J'ai continué à chercher et trouvé un manteau, lui aussi de poids léger et un peu effiloché. C'était mon genre de manteau, sans la moindre couture, piqueté de petits trous à l'ourlet et aux manches. Il y avait un élastique dans la poche droite, pris dans un fil. J'ai ramené mes cheveux en queue-de-cheval, remonté la passerelle en métal et pris place à bord du *Jefferson Airplane*. L'avion, pas le groupe, mais lorsque j'ai regardé à l'extérieur, je me suis rendu compte que j'étais dans un minivan et non pas un avion, ce qui était parfaitement déroutant. Le chauffeur a allumé la radio, un match de base-ball interrompu par des appels radio dans une autre langue, quelque chose de musical, de l'albanais peut-être. Il prenait un itinéraire différent de celui que j'avais demandé et ignorait mes questions. Il ne cessait de grogner et de gratter ses bras épais, et j'ai remarqué des écaillures de peau qui tombaient sur l'accoudoir en skaï noir. Nous étions pris dans un embouteillage sur un pont, sauf que ce n'était pas un pont habituel et il semblait balancer légèrement. J'étais plus que tentée de descendre du minivan et de traverser à pied.

Et donc cela continuait. Quelle que soit la direction dans laquelle j'allais, ou l'avion dans lequel j'étais, c'était encore l'année du Singe. Je me déplaçais encore dans une atmosphère de lumière artificielle aux bords corrosifs, l'hyperréalité d'une coulée de boue pré-élection clivante, une avalanche de toxicité infiltrant chaque avant-poste. J'essuyais constamment la merde de mes chaussures, je continuais de vaquer à mes affaires, celles consistant à être en vie, en faisant de mon mieux. Même si une insidieuse insomnie grignotait lentement mes nuits, prenant de la place en rejouant les afflictions du monde à l'aube. À un moment, j'ai essayé de dormir avec la télévision allumée, un petit téléviseur placé à droite de mon lit. Évitant les infos, j'allais sur les chaînes à la demande, choisissant au hasard des épisodes de *Mr. Robot* que je me passais à bas volume. Je trouvais assez apaisante la voix off monotone d'Elliot, le hackeur à capuche, et j'étais allongée dans les limbes, ce qui était presque comme dormir.

Début octobre, Lenny et moi avons pris l'avion à destination de San Francisco pour l'hommage à Sandy. J'ai senti une vague d'amertume irrationnelle m'envahir. Cela aurait dû se faire à Ashland, ai-je songé, avec le cycle entier de *L'Anneau du Nibelung* interprété de plain-pied, sans décor, sur une scène circulaire, où les personnes en deuil auraient pu continuer à changer de position à chaque heure afin de vivre cette expérience sous tous les angles. Sandy laissait un vide, et avec son départ inattendu disparaissait aussi sa dévotion à Wagner, Arthur Lee, Jim Morrison, Benjamin Britten, *Coriolan*, *Matrix*, et une vision révolutionnaire de Médée visant à faire sortir de ses gonds et recadrer le monde théâtral. Il n'avait plus véritablement de famille et, les uns après les autres, des amis ont pris la parole avec tendresse, voire humour, évoquant sa jeunesse à Stony Brook, ses contributions à la technologie musicale, ses chansons et sa production visionnaire du Blue Öyster Cult. Il était considéré comme un conférencier vénéré à l'université McGill, spécialisé dans la convergence obscure de la composition classique et du heavy metal.

Roni Hoffman et son mari, Robert Duncan, les anges gardiens de Sandy au cours d'une vie entière, l'avaient accompagné avec altruisme dans sa convalescence compliquée qui avait finalement échoué ; ils évoquèrent tous deux avec émotion des décennies d'amitié. Les fils brillants de leur réminiscence se mêlaient à mes propres souvenirs et je me suis trouvée embarquée dans un trajet remontant à bien longtemps, avec Sandy, au musée des Cloîtres. Il avait encore sa voiture de sport à l'époque et voulait me montrer les tapisseries majestueuses réunies sous le titre *La chasse à la licorne*, des œuvres canoniques créées au seizième siècle par des mains inconnues pour le compte d'un membre tout aussi inconnu de la famille royale. Les pièces suspendues étaient gigantesques, des scènes picturales de près de quatre mètres de haut en fibre de laine et soie, fils métalliques et trames argentées et dorées.

Sandy et moi étions restés devant *La licorne captive*. La créature mythique entourée d'une clôture en bois se tenait sur un tapis de fleurs sauvages, une morte-vivante à l'éclat vibrant. Sandy, admirable tisserand de mots, avait évoqué les terribles événements qui avaient conduit à sa capture, séduite puis abattue à la suite de la trahison d'une jeune fille.

— La licorne, avait dit solennellement Sandy, est une métaphore du terrible pouvoir de l'amour.

Allongée, les membres repliés, la licorne chatoyait dans sa détresse. Je l'avais vue et admirée uniquement dans des livres, sans saisir son ampleur, son pouvoir inné d'éveiller une croyance enfouie en l'existence d'une créature mythique.

— Cette licorne, avait-il poursuivi, est aussi vivante que toi et moi.

Lenny m'a délicatement tapoté l'épaule et m'a conduite jusqu'à la petite scène. Nous avons interprété *Pale Blue Eyes* et une lente version ritualiste de *Eight Miles High*, deux titres qui avaient beaucoup compté pour Sandy. Lenny a joué de la guitare électrique les yeux fermés. Je n'ai pu m'empêcher de me sentir éperdument distante, comme Nico interprétant son élégie pour Lenny Bruce.

Finalement, Albert Bouchard, le charismatique batteur de Blue Öyster Cult, s'est embarqué dans le chef-d'œuvre de Sandy, *Astronomy*, armé seulement d'une guitare acoustique – une prouesse nécessitant un haut degré d'abnégation, compte tenu de la formidable envergure du morceau. Des années auparavant, Sandy et moi avions regardé, l'un et l'autre subjugués, le Blue Öyster Cult interpréter cette même chanson avec Albert à la barre dans un stade de dix-huit mille personnes. Albert, à présent seul, a joué *Astronomy* avec une émotion qui a eu raison de toutes les barrières stoïques, et tous nous avons pleuré.

Lenny et moi sommes repartis dans la nuit et avons traversé Chinatown à pied. Nous sommes passés à hauteur du banc des trois singes de la sagesse devant lequel j'étais passée toute seule. Nous avons marché une éternité m'a-t-il semblé, avons arpenté les rues de San Francisco, nous arrêtant pour reprendre notre souffle à l'angle de Fillmore Street et Fell Street. Je portais les vêtements que j'avais trouvés dans les malles débordantes d'Atlantic Avenue. Lenny avait une veste noire ayant appartenu à mon mari, avec un jean noir et un blouson de cuir noir. J'ai relevé mon ourlet pour nouer mon lacet.

— Jolie robe, a-t-il dit.

Le groupe nous a rejoints deux jours plus tard au Fillmore pour rendre hommage à Sandy. Quand je suis sortie de la voiture, deux types se sont approchés de moi. Ils ne se ressemblaient pas du tout mais donnaient pourtant l'impression d'être la même personne. Celui qui avait le crâne rasé m'a offert un collier. Je l'ai mis dans la poche de ma veste sans le regarder et j'ai une fois de plus grimpé les marches de métal qui conduisaient à la porte de la scène, imaginant Jerry Garcia faire de même. Lenny était déjà là pour m'accueillir, ouvrant la lourde porte en fer. Je me suis immobilisée un moment avant d'arriver à lui, soudain consciente du caractère répétitif de chacune de nos actions.

Ce soir-là en interprétant *Land of a Thousand Dances*, j'ai fermé les yeux pendant le passage instrumental, partant loin dans l'improvisation, jusqu'à la Baltique, le pays de Médée. J'ai parcouru cette étendue aride, suivant les pieds chaussés de sandales de Médée, comme elle avait suivi Jason. La Toison d'or scintillait, aveuglant tous ceux qui osaient poser les yeux dessus. J'ai vu la flamme dans le cœur transparent de Médée et senti le sang bouillir dans ses veines. Grande prêtresse mais aussi fille de la campagne, elle n'était pas intellectuellement à la hauteur des hommes de Jason. Contrainte de puiser dans son moi primal, elle s'habille en renard pour brouiller la piste de la chasse. Ses petits garçons dorment. Les fils de Jason. Elle l'aimait et il l'a trahie. Je l'observe qui lève son bras blanc ceint de lourds bracelets. J'ai vu la Toison perdre son lustre. J'ai vu la dague plonger dans leurs petits cœurs.

Le groupe jouait fort, les gens étaient chahuteurs, explosant spontanément. Certains suivaient peut-être le fil qui reliait la Toison d'or de Jason au poison de Médée et la terrible sorcellerie de l'au-delà, mais cela n'avait pas d'importance. J'ai chanté pour Sandy, et la poésie qui a jailli était pour lui. Je voyais son grand sourire, ces yeux bleu métallique, et j'ai retrouvé un instant cette joyeuse arrogance qui étendait sa cape sur l'autel de l'opéra, de la mythologie et du rock'n'roll. J'étais exactement où il était, et nous nous tenions, chacun sentant la présence de l'autre, au bord du précipice d'une irrémédiable tragédie.

POURQUOI BELINDA CARLISLE EST IMPORTANTE

Le téléphone de l'hôtel n'arrêtait pas de sonner. C'était la réception, mais quelle réception, quelle ville, quel mois ? D'accord, on était en octobre, Seattle, dans une chambre spacieuse avec vue sur un énorme climatiseur et j'étais censée donner une conférence sur l'importance des bibliothèques. Il était quatre heures de l'après-midi et je m'étais endormie sans avoir enlevé mon manteau. La robe que je portais aux funérailles était étalée en travers du canapé. J'étais arrivée, j'avais laissé tomber mes affaires et perdu connaissance. Encore groggy, je me suis passé de l'eau sur le visage et me suis préparée pour mon allocution, rassemblant mentalement une succession de bibliothèques que j'avais fréquentées depuis que j'étais petite, à l'époque où une carte de bibliothèque donnait accès à des séries entières de livres : *The Bobbsey Twins*, *Uncle Wiggily and His Friends*, *Freddy the Detective*, tous les romans sur le pays d'Oz et les enquêtes policières de Nancy Drew. Des souvenirs de bibliothèques se mêlaient à des images de mes propres livres, des centaines de livres, posés sur le lit, occupant tout le côté droit d'une cage d'escalier, empilés sur la table pliante de la cuisine, et des piles plus hautes par terre, contre le mur.

Une fois dans le hall, on m'a mis le grappin dessus et j'ai été assaillie, un peu comme Holly Martins dans *Le troisième homme*, lorsqu'il était escorté de son hôtel à Vienne pour prononcer un discours sur le rôle du cow-boy existentiel dans la littérature américaine. Comme Holly, je me sentais très insuffisamment préparée. Debout face à une salle comble, je me suis dit que le mieux était d'emprunter la voie personnelle et j'ai parlé de l'importance d'une bibliothèque pour une fillette de neuf ans, grande lectrice, vivant dans une communauté rurale du sud du New Jersey, une région privée de culture, pas une seule librairie, mais heureusement une petite bibliothèque, à environ trois kilomètres de chez nous.

J'ai dit l'importance que les livres avaient toujours eue pour moi, raconté que tous les samedis j'allais à la bibliothèque choisir mes livres pour la semaine. Un matin de fin d'automne, malgré les nuages menaçants, je me suis habillée chaudement et me suis mise en route ; comme toujours, je suis passée devant le verger de pêchers, la ferme où l'on élevait des cochons, la patinoire, jusqu'à la fourche qui conduisait à notre unique bibliothèque. La vision de tous ces livres ne manquait jamais de m'exciter, toutes ces rangées de livres aux dos multicolores. J'avais passé un temps démesuré à choisir ma pile ce jour-là alors que le ciel devenait de plus en plus sinistre. Au début, je n'étais pas inquiète, car j'avais de grandes jambes et je marchais assez vite, mais à un moment donné il a été évident que je ne serais pas rentrée avant qu'éclate l'orage imminent. La température est tombée, le vent s'est levé, suivi de fortes averses, puis il s'est mis à violemment grêler. J'ai glissé les livres sous mon manteau pour les protéger, j'avais un long trajet jusque chez moi ; je marchais dans des flaques et sentais l'eau glacée tremper mes socquettes. Lorsque je suis enfin arrivée à la maison, ma mère a secoué la tête en signe d'exaspération compatissante, m'a préparé un bain chaud et m'a ensuite envoyée au lit. J'ai attrapé une bronchite et manqué plusieurs jours d'école. Mais cela avait valu le coup, car j'avais mes livres, parmi lesquels *Les aventures de Tik-Tok*, *Half Magic* et *Un chien des Flandres*. Des livres merveilleux que j'ai lus et relus, qui ne m'étaient accessibles que via notre bibliothèque. En racontant cette petite histoire, j'ai remarqué que quelques personnes dans le public avaient sorti leur mouchoir, ayant reconnu en elles-mêmes quelque chose de cette fillette sous le charme des livres.

Tôt le lendemain matin, je me suis levée et j'ai pris un café dans un endroit qui s'appelait Ruby's. Je me souvenais d'y avoir mangé avec Lenny et Sandy quelques années plus tôt, après un concert au Moore Theatre, le plus vieux théâtre de Seattle, célèbre pour son décor égyptien. Le grand Nijinski et Anna Pavlova avaient dansé sur cette scène, et des gens comme Sarah Bernhardt, les Marx Brothers, Ethel Barrymore et Harry Houdini y avaient également brillé. La ségrégation avait jadis été appliquée dans ce théâtre, et les gens de couleur étaient alors relégués aux sièges des balcons, en hauteur. Cette tache dans l'histoire du théâtre n'était pas dénuée d'ironie, car ces sièges bénéficiaient en réalité de la meilleure acoustique. C'était l'année où, avec Sandy, nous nous étions rendus en voiture à Ashland, en Oregon, pour voir *Coriolan* au festival Shakespeare. Ou, pour reprendre les termes de Sandy, être les témoins de la chute de l'orgueil démesuré que Shakespeare avait élevé au rang du mystique. J'ai terminé mon petit déjeuner et suis allée faire un don à la fondation Pain de Vie. Un SDF, en long manteau gris et casquette mauve, griffonnait un message sur un mur de brique avec un épais bout de craie rose. J'ai glissé un billet de cinq dans la tasse à côté d'un lit de fortune en carton aplati, puis regardé ses doigts tandis que les mots lentement émergeaient : *Belinda Carlisle est importante.*

— Pourquoi ? ai-je demandé. Pourquoi est-ce que Belinda Carlisle est importante ?

Il m'a dévisagée pendant un assez long moment, qui s'est étiré pour devenir un moment plus long encore, et remonter à un temps où les villes n'étaient que des collines. Son regard s'est déplacé, il a regardé par-dessus son épaule, puis a contemplé ses chaussures, a finalement relevé la tête et a répondu tout bas :

— Quel rythme. Elle a le *beat.*

Ce fut un de ces instants que Sandy affectionnait tout particulièrement. S'il avait été là, il aurait certainement déclaré qu'il s'agissait d'une vérité capitale. J'ai à peine souri en haussant les épaules. Je ne contestais pas ce qu'il venait de dire, mais je n'en faisais pas non plus grand cas, jusqu'à ce que, quelques jours plus tard, revenue à New York, incapable de trouver le sommeil, zappant d'une chaîne à l'autre, je tombe sur un publireportage musical. Je crois que c'était une de ces opérations où ils vendent vingt-deux CD des années quatre-vingt, ou peut-être juste des groupes féminins, toujours est-il qu'à la télé les Go-Go's interprétaient *We Got the Beat* à je ne sais quelle émission pop britannique. Toutes les filles étaient cool, mais Belinda avait toute une gestuelle à elle, rien de tape-à-l'œil, un chic à la *Beach Blanket Bingo* avec un swing moderne et un petit côté Vanessa Paradis, leggings et petites chaussures à talons. Ouais, Belinda, ai-je dit à voix haute, tu as le *beat.*

Son exubérance était contagieuse. J'imaginais un orgueil démesuré mais non violent se répandre sur terre, comme les garçons dans *West Side Story*, boostés par une démarche fanfaronne, à chanter *When you're a Jet…* Des centaines de milliers de filles et de garçons envahissant les lieux ici et là, reprenant les mouvements de Belinda Carlisle, chantant *We Got the Beat*. Et des soldats déposant les armes et des marins quittant leur poste et des voleurs les scènes de crimes et tout à coup nous sommes à l'épicentre d'une comédie musicale grandiose. Pas de pouvoir, pas de race, pas de religion, pas d'excuses. Et avec ce vaste spectacle filant dans ma tête, une partie de moi a bondi en l'air et filé d'un pas léger sur la route, entrant sur scène, se joignant au refrain montant à l'infini, comme les anges de William Blake s'écoulant des pages du livre de la vie.

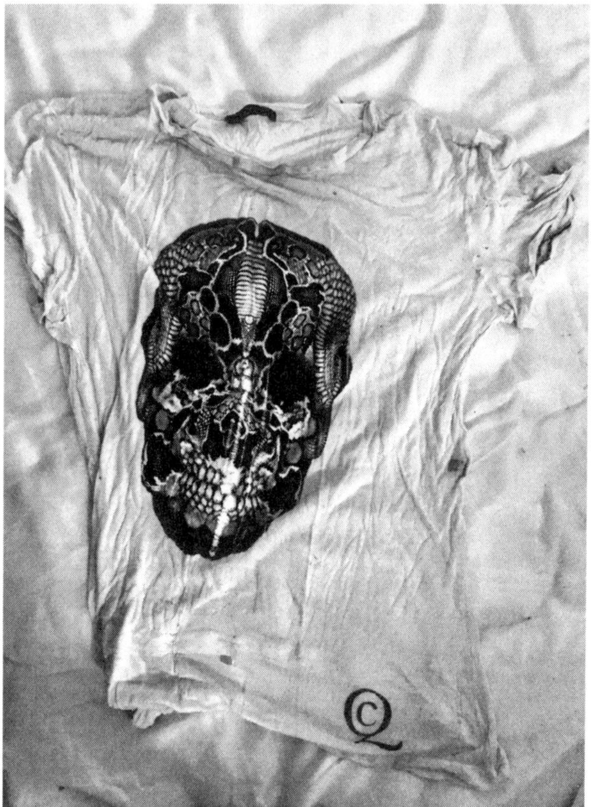

C'était le jour des Morts

LE SAINT-SIÈGE

C'était le jour des Morts. Les petites rues étaient décorées de têtes de morts en sucre et une sorte de folie fétide flottait dans l'air. J'avais de mauvais pressentiments pour une élection tombant l'année du Singe. Ne t'en fais pas, disaient-ils tous, la majorité fait loi. Pas vraiment, ripostais-je, ce sont les silencieux qui font la loi et c'est à eux que reviendra la décision, à ceux qui ne votent pas. Et qui peut leur en vouloir, quand tout n'est qu'un tissu de mensonges, une élection douteuse, truffée de gaspillage ? Des millions déversés dans un trou tapissé de plasma, dépensés en incessantes publicités télévisées douteuses. Une véritable entrée dans les ténèbres. Autant de ressources qui auraient pu être utilisées pour gratter le plomb des murs des écoles en ruine, accueillir les sans-abri ou nettoyer des rivières souillées. Au lieu de cela, une candidate balance désespérément l'argent dans une fosse, et l'autre bâtit des édifices vides à son propre nom, une autre sorte de gaspillage immoral. Néanmoins, en dépit de tous ces doutes, j'ai voté.

Le soir de l'élection, j'ai rejoint une congrégation de bons camarades et nous avons regardé le terrible soap opera baptisé élection américaine se dérouler sur une télé grand écran. L'un après l'autre, chacun est reparti à l'aube en titubant. La brute beuglait. Les silencieux l'avaient emporté. Vingt-quatre pour cent de la population avaient élu le pire d'entre nous pour représenter les soixante-seize pour cent restants. Vive notre apathie américaine, vive la sagesse tordue du Collège électoral.

Incapable de dormir, j'ai marché jusqu'au quartier de Hell's Kitchen. Quelques bars étaient déjà ouverts, ou alors ils n'avaient pas fermé, et personne n'avait balayé ou nettoyé les boxes afin qu'ils soient prêts pour la journée nouvelle. Peut-être pour nier que c'était un jour nouveau ou simplement en tronquer le déploiement. On est encore hier, lançaient les débris, il y a encore une chance en enfer. J'ai commandé un petit verre de vodka et un grand d'eau. Il a fallu que je retire les glaçons de mes deux verres, les lâchant dans un plat de bretzels asséchés. La radio était allumée, une vraie radio, Billie Holiday chantait *Strange Fruit*. Sa voix, une voix de souffrance laconique, produisait des frissons d'admiration et de honte. Je me la suis représentée assise au bar, un gardénia dans les cheveux et un chihuahua sur les genoux. Je me la suis représentée dormant dans une jupe blanche et un chemisier froissés dans un bus de tournée carburant au diesel, refoulée d'un hôtel du Sud pour les Blancs en dépit du fait qu'elle était Billie Holiday, en dépit du fait qu'elle était simplement un être humain.

Le ventilateur au plafonnier était maculé de poussière. Je l'ai regardé tourner ou plutôt j'ai regardé le mouvement de son tournoiement. J'ai dû piquer du nez un bref instant, et j'ai attrapé au vol la mince volute d'une autre chanson qui passait. *New York, I love you, but you're bringing me down.* Collines recouvertes de pins, œufs du matin dans un panier.

— Un autre verre ?

— Je ne suis pas une grosse buveuse. Mais un peu de café noir.

— Vous voulez du lait ?

La serveuse était mignonne mais avait un morceau de peau qui lui pendait à la lèvre. Je ne pouvais pas en détacher mon regard. Dans mon esprit il devenait plus gros et plus lourd, puis se détachait et tombait bruyamment dans un bol imaginaire de bouillon fumant qui s'élargissait, formant un bassin glougloutant d'où émergeait une imitation de vie. J'ai secoué la tête. Les choses qui nous transportent peuvent être si aléatoires. Il était grand temps de passer à l'action, mais une heure plus tard j'étais encore là. Je n'avais ni faim ni soif mais songeais qu'il fallait peut-être que je commande quelque chose pour justifier le fait d'être assise au même endroit depuis plus d'une heure, cependant personne ne semblait s'en soucier, peut-être que la même paralysie post-élection s'emparait de nous tous.

Les jours s'égrenaient, et ce qui avait été fait ne pouvait être défait. Thanksgiving était passé et Noël se profilait à l'horizon. J'ai erré dans les rues commerçantes au rythme d'un infernal murmure : *Ne m'achetez rien. Ne m'achetez rien.* La culpabilité humectait les particules sèches de la défaite ; comment est-ce que ça avait pu si mal se finir ? Encore un cas de tollé social déséquilibré. Douce, douce nuit. Des fusils d'assaut enveloppés dans du papier d'alu, empilés sous des sapins artificiels décorés de minuscules veaux d'or, des cibles installées dans des jardins sous la neige.

Cœur de l'hiver et pourtant il semblait ne pas y avoir de température du tout. En traversant Houston Street, j'ai remarqué que l'Enfant Jésus était absent de la scène de la Nativité devant l'église St. Anthony. Il n'y avait pas d'oiseaux perchés sur les épaules de saint François. Des vierges de plâtre aux coiffes blanches préparaient un banquet vide. Je n'avais jamais eu aussi faim, ni été aussi vieille. J'ai remonté péniblement les escaliers jusqu'à ma chambre, me récitant *J'ai eu un jour sept ans, bientôt j'en aurai soixante-dix.* J'étais vraiment fatiguée. *J'ai eu un jour sept ans*, ai-je répété, assise au bord du lit, toujours en manteau.

Notre rage silencieuse nous donne des ailes, la possibilité de négocier les vitesses pour enclencher la marche arrière, unifiant toutes les époques. Nous réparons une montre, optimisant une capacité innée de revenir en arrière, disons, jusqu'au quatorzième siècle, marqué par l'apparition du mouton de Giotto. Les cloches de la Renaissance retentissent tandis qu'un cortège funèbre suit le cercueil contenant le corps de Raphaël, puis sonnent à nouveau tandis que le dernier coup de burin révèle le corps laiteux du Christ.

Tous vont où ils vont, tout comme j'allais où j'allais, me trouvant dans un coin ombragé qui empestait l'œuf entier et l'huile de lin dans l'atelier des frères Van Eyck. Là j'ai vu une ride à la surface de l'eau exécutée de manière si convaincante qu'elle en donnait soif. J'ai été témoin de la précision du plus jeune lorsqu'il touchait de la pointe de son pinceau en poil de zibeline la blessure humide de l'agneau mystique. Je me suis éloignée avec empressement de peur que nous n'entrions en collision, et j'ai avancé rapidement vers le vingtième siècle en plein déploiement, m'élançant au-delà des champs verts de la prospérité rurale piquetés de croix blanches commémorant les fils massacrés de la Grande Guerre. Il ne s'agissait pas de rêves insaisissables mais d'une frénésie éveillée. Et dans ces heures fluides j'ai assisté à des choses merveilleuses, jusqu'à ce que, fatiguée, je plane au-dessus d'une ruelle bordée de vieilles maisons de brique, choisissant le toit de celle avec la lucarne crasseuse. Le loquet n'était pas fermé. J'ai enlevé ma casquette, un peu de poussière de marbre en est tombée. Je suis navrée, ai-je dit, en levant la tête pour contempler une poignée d'étoiles, le temps file et pas un seul lièvre ne peut le suivre.

Je suis navrée, ai-je répété, en descendant l'échelle, consciente de là où j'avais été.

30 décembre. J'ai vogué au-delà de mon soixante-dixième anniversaire pour aborder la fin de l'année, des confettis jusqu'aux chevilles. J'ai chuchoté *Bonne année* à mes bottes qui avaient beaucoup voyagé, exactement comme je l'avais fait un an plus tôt. Un an depuis que je m'étais arrêtée au Dream Motel, où des choses certaines étaient devenues incertaines, où une enseigne avait prédit que j'irais à Uluru. Un an plus tôt Sandy Pearlman était encore en vie. Un an plus tôt Sam était encore capable de préparer un café et d'écrire de sa main.

Sans une trace d'hyperbole

L'AGNEAU MYSTIQUE

Voyageant avec une simplicité presque religieuse vers un lieu dont je n'avais jamais entendu parler, une ville près de Santa Ana, de retour dans l'Ouest, où Sam séjournait pour l'hiver. Une ville, avait-il dit, où il pleuvrait sans cesse. Viens, m'avait-il ordonné doucement, et sans me faire davantage prier j'avais rangé dans ma valise un imperméable, une chemise de flanelle, quelques chaussettes et un livre petit mais généreusement illustré sur l'Autel de Gand. Dans l'avion, j'ai essayé de ne pas penser à l'état des choses, ni à quoi que ce soit de désagréable. Il y avait quelques turbulences, ce qui ne me dérangeait pas outre mesure, ce n'étaient que des perturbations météo nullement animées d'intentions personnelles. J'ai ouvert le petit livre et me suis concentrée sur le grand autel, une de mes obsessions préférées depuis bien longtemps.

Le somptueux polyptyque avait été peint sur bois de chêne au quinzième siècle par les frères flamands Hubert et Jan Van Eyck. L'autel dans sa totalité avait été exécuté avec une telle fluidité dans l'éloquence qu'il était vénéré par tous ceux qui l'avaient vu, et nombreux étaient ceux qui y voyaient un lien direct avec l'Esprit saint. De même que les archanges avaient été des instruments divins, l'incarnation physique d'un appel téléphonique de Dieu.

La Vierge Marie recevait un tel appel, dépeint sur le panneau extérieur de l'Annonciation, l'annonce de l'Incarnation par l'ange Gabriel ; on ne pouvait qu'imaginer le réseau brûlant de peur et d'exaltation qui émanait de cette unique transmission. La Vierge agenouillée à l'intérieur d'un vide kaléidoscopique orné de ses mots inversés dans l'or poli. Non pas une vulgaire feuille, mais une feuille flamande, appliquée avec tout le savoir-faire d'incomparables mains flamandes. La fois où j'ai touché le panneau extérieur, j'ai été emplie de respect mêlé d'admiration, non pas au sens religieux, mais pour les artistes qui l'avaient réalisé, sentant leurs esprits turbulents et leur majestueux calme concentré.

Marie est dépeinte à nouveau d'une manière plus sereine au-dessus du panneau central de l'intérieur, occupant sa place à la gauche de Dieu le Fils. Des mots s'incurvent en double halo au-dessus de sa tête légèrement inclinée, faisant d'elle un miroir fidèle de Majesté divine. En dépit de sa notoriété, elle se caractérise par une salutaire simplicité, une nature adoucie digne de Notre-Dame des Douleurs.

En dessous se trouve le cœur de l'autel, *L'Adoration de l'agneau mystique*, dont on dit qu'en son temps il provoqua des pâmoisons. Un mystère sacré rendu visible par le truchement d'une œuvre d'art. L'agneau triomphant, quoique stoïque, acceptant toutes les souffrances possibles, se tient sur l'autel, tandis que du sang de son flanc s'écoule dans le Graal, conformément à la prophétie. La soif cessera d'être soif et les plaies cesseront d'être plaies, mais toutefois pas de la manière attendue.

Que va-t-il nous arriver ? me demandais-je en refermant le livre. Nous c'est-à-dire l'Amérique, nous c'est-à-dire l'humanité en général. Le regard dans les yeux de cet agneau semblait implacable, mais est-il possible que le sang de la bienveillance ne soit pas infini et cesse un jour de couler ? J'imaginais le printemps suffoquant, l'assèchement du puits du bon Samaritain, une perturbante convergence des étoiles.

Je ressentais une faible palpitation dans ma tempe. J'ai remarqué que ma manche était tachée à force d'avoir frôlé la palette du peintre dont le pinceau avait peint la sombre blessure de l'agneau. Cela s'était-il réellement produit ? Je ne me rappelais pas un seul visage, mais je savais que j'avais pleuré, toutefois sans le sel des larmes. Je me revois debout là, seulement quelques jours auparavant, sidérée, jusqu'à être cruellement ramenée du temps de *L'Adoration* au royaume d'aujourd'hui. La tache, considérais-je en contemplant le ciel à l'occident, était au moins aussi réelle que le souvenir.

— Qu'est-ce qui est réel de toute façon ? avait demandé Sam peu de temps plus tôt. Le temps est-il réel ? Ces mains mortes sont-elles plus réelles que les mains dans les rêves qui peuvent lancer une ligne à la pêche ou tourner un volant ? Qui sait ce qui est réel, qui le sait ?

À San Francisco, je suis montée à bord d'une navette à destination de Santa Ana. Roxanne, la sœur de Sam, est venue me chercher à l'aéroport. Son tempérament rayonnant constituait un répit qui tombait à point nommé, car le ciel était uniformément gris et il pleuvait, exactement comme Sam l'avait annoncé. Nous nous sommes garées devant une maison couverte de bardeaux blancs. J'ai gravi les marches et vu Sam à travers la porte moustiquaire avant qu'il ne me voie. Il ressemblait plus que jamais à Samuel Beckett, et je nourrissais encore l'espoir de ne pas avoir à vieillir sans lui.

Nous avons travaillé dans la petite cuisine. J'ai dormi sur le canapé. J'entendais la pluie incessante s'abattre sur l'auvent qui protégeait la véranda. Nous étions dans un monde aux antipodes du Kentucky, de l'univers de Sam et des chevaux. Loin de tout

ce qui était son monde. Nos journées tournaient autour de son manuscrit, destiné à être son dernier, une lettre d'amour dénuée de sentimentalité à la vie. De temps à autre, nos regards se croisaient. Pas de masques, pas de distance, uniquement le présent, le travail étant le maître et nous ses serviteurs. Le soir, nous nous interrompions et nous soumettions tous allègrement au rituel de la descente du fauteuil roulant ; il nous fallait négocier les marches de la véranda avant d'aller nous promener en ville jusqu'à un café qui servait du chocolat chaud mexicain. Je marchais légèrement en retrait, sous le crachin, éprouvant la sensation vertigineuse de me retrouver à l'époque où je m'accrochais au bras de Sam, quand nous déambulions dans les rues de Greenwich Village.

Le silence autour de la petite maison était troublant. Il n'y avait personne alentour lorsque nous entreprenions nos promenades nocturnes. Je m'en voulais de sentir que je ne tenais pas en place. Sam le sentait lui aussi mais comprenait ; depuis la naissance il ne tenait pas en place. Lorsqu'il a fallu que je quitte la Californie, il pleuvait toujours. Je suis montée dans la voiture avec Roxanne. Nous nous sommes éloignées de la maison blanche, du treillis couvert de lierre, de l'arrosoir géant. Je lui ai promis que je prendrais des nouvelles. *La soif cessera d'être soif et les plaies cesseront d'être plaies.* Comme nous approchions de l'aéroport de Santa Ana, j'ai jeté un coup d'œil à mon téléphone. Il n'y avait pas de message des anges, pas un appel, pas un seul coup de fil.

Nous sommes les épines vives

LE PETIT COQ DORÉ

La nuit qui a précédé l'investiture, il y avait une lune déclinante. J'ai tâché d'ignorer le serrement dans ma gorge, une sensation d'effroi qui allait croissant. J'aurais voulu dormir jusqu'à ce que ce soit terminé, d'un long sommeil à la Rip Van Winkle. Le matin, je suis allée au spa coréen de la Trente-Deuxième Rue et me suis installée dans leur sauna à infrarouges pendant presque une heure. Je suis restée là à tousser avec un petit tas de mouchoirs usagés et j'ai pensé à Hermann Broch concevant dans sa tête les grandes lignes de *La mort de Virgile* durant son séjour en prison. J'ai pensé à la tombe de Virgile, à Naples, et au fait qu'il n'y était pas vraiment, ses cendres ayant été perdues dans de mystérieuses circonstances au Moyen Âge. J'ai pensé aux mots de Thomas Paine : *Voici venu le temps qui met l'âme des hommes à l'épreuve*. Dehors, la pluie avait cessé mais de forts vents persistaient. Et ce qui était la vérité persistait à être la vérité. C'était le dernier jour de l'année du Singe et le petit coq doré pavoisait, car l'insupportable escroc aux cheveux jaunes avait prêté serment, sur une Bible, pas moins, et Moïse et Jésus et Bouddha et Mahomet semblaient être complètement ailleurs.

La nuit suivante, des gongs retentirent et des dragons crachant des flammes de papier défilèrent dans les rues de Chinatown, comme d'énormes jouets tirés par des fils invisibles. Nous étions le 28 janvier. Le coq du Nouvel An était arrivé, une créature hideuse au torse bombé, aux plumes de la couleur du soleil. *Trop tard trop tard trop tard*, chantait-il. L'année du Singe était terminée et le coq de feu qui attendait dans les coulisses faisait une entrée grandiloquente. J'ai séché le défilé de l'année lunaire mais j'ai regardé le feu d'artifice depuis mon perron. Il m'est apparu que j'avais frôlé les lignes de touche des célébrations des deux côtes, la côte est et la côte ouest, l'alpha et l'oméga de l'année du Singe, sans avoir participé ni aux unes ni aux autres. Ce qui n'était peut-être pas si étonnant, même si je m'étais trouvée dans les parages, car même enfant j'avais du mal à m'enthousiasmer de bon cœur pour de telles festivités, à vrai dire je redoutais le brouhaha du défilé annuel de Thanksgiving avec ses chars et ses fanfares ou l'excitation survoltée du défilé des Mummers. Intérieurement, je me sentais toujours complètement perdue dans le tourbillon des fêtards, comme Baptiste emporté malgré lui dans la frénésie d'un carnaval à la fin des *Enfants du paradis*.

Je me suis néanmoins retrouvée à Chinatown quelques jours plus tard, dans une pharmacie de confiance, consultant un vieil herboriste chinois qui, par le passé, m'avait concocté des thés aux vertus curatives. Le corps est un centre réactif, m'a-t-il dit en réfléchissant à mes symptômes et à mon mal-être général. Toutes ces afflictions sont des réactions à des stimuli extérieurs, les produits chimiques, la météo, l'alimentation. Tout est question d'équilibre, l'organisme se réajuste, tout simplement. Tout finira par disparaître, qu'il s'agisse d'une démangeaison ou d'une toux. Il faut rester serein, et ne pas consacrer trop d'énergie à ces réactions. Il m'a donné trois sachets de thés. Un doré, un rouge et un autre couleur sauge. En les mettant dans ma poche, je suis ressortie dans le froid et j'ai remarqué que les traces des festivités avaient presque disparu, des vestiges de lanternes en papier, des bouts de confettis, un singe en plastique abandonné sur un bâton cassé.

J'ai marché jusqu'au bout de Mott Street et descendu les marches de Wo Hop pour manger un gruau de riz avec Lenny. Dans les années soixante-dix, un bol de gruau de riz au canard coûtait quatre-vingt-dix cents. Wo Hop était toujours ouvert, animé, on y servait du gruau de riz jusqu'à quatre heures du matin. Nous mangions tous là, à l'époque, souvent à pas d'heure après le Nouvel An, fauchés, pour la plupart d'entre nous, et qui pour beaucoup sont morts aujourd'hui. Lenny et moi avons mangé notre gruau de riz et bu du thé oolong, silencieux et heureux, encore vivants ; nés à trois jours d'intervalle, soixante-dix ans, les cheveux argentés, nous inclinant face au destin. Nous n'avons pas parlé de l'investiture, mais elle restait en suspension dans l'atmosphère, tandis que des cœurs anxieux se mêlaient à d'autres cœurs anxieux.

Ce soir-là, j'ai bu le thé doré et n'ai pas toussé dans mon sommeil. J'ai rêvé d'une longue file de migrants marchant d'une extrémité à l'autre de la terre, bien loin de ce qui fut jadis leurs maisons. Ils traversaient des déserts, des plaines arides et d'inhospitalières zones humides où de larges rubans d'algues non comestibles, plus brillantes que le ciel de Perse, s'enroulaient autour de leurs chevilles. Ils marchaient en traînant derrière eux leurs drapeaux, vêtus de l'étoffe des lamentations, cherchant la main tendue de l'humanité, un abri là où nul abri ne leur était offert. Ils marchaient là où la richesse était dissimulée à l'intérieur de dédales d'œuvres d'une grande maîtrise architecturale, d'immenses rochers enrobant des huttes modernes ingénieusement cachées par une dense végétation indigène. L'air à l'intérieur était sec, et pourtant toutes les portes, les fenêtres et les puits de lumière étaient hermétiquement scellés, comme par anticipation de leur venue. Et j'ai rêvé que toutes leurs épreuves étaient vues sur des écrans planétaires, des tablettes individuelles et des bracelets-montres émetteurs-récepteurs, devenant une forme populaire de divertissement fondé sur la réalité. Sans passion, tous les regardaient marcher sur une terre inhospitalière, l'espoir se métamorphosant en désespoir. Cependant tous soupiraient d'émotion tandis que l'art florissait. Des musiciens sortaient de leur torpeur, composant de fascinantes œuvres de souffrance symphonique. On aurait dit que la sculpture jaillissait du sol parcouru. Des danseurs musculeux dépeignaient les tourments des exilés, se précipitant sur toute la longueur de grandes scènes, comme possédés par une futilité nomade. Tous regardaient, fascinés, alors même que le monde, dans sa folie coutumière, continuait de tourner. J'ai rêvé que le singe bondissait dessus, sur cette boule à facettes de confusion, et se mettait à danser. Dans mon rêve il pleuvait à verse, farouchement, comme avec l'énergie désespérée de la vengeance, et pourtant, n'ayant pas conscience du temps qu'il faisait, je sortais sans imperméable, faisais tout le trajet à pied jusqu'à Times Square. Les gens se rassemblaient devant un écran géant, ils regardaient la cérémonie d'investiture et un jeune gars, celui-là même qui avait alerté la population en disant que l'empereur était nu, s'écriait : « Regardez ! Il est revenu, vous l'avez laissé sortir du sac ! » Les festivités furent suivies d'un nouvel épisode de reconstitution des procès des migrants. Des bateaux de bois striés d'or gisaient à l'abandon dans les hauts-fonds. Une mascotte dorée descendait, poussant des cris stridents en agitant ses ailes monstrueuses. Les danseurs se contorsionnaient, souffrant le martyre, tandis que des pointes acérées de compassion leur piquaient les pieds. Les badauds se tordaient les mains en une fureur de sympathie, toutefois cela n'était rien pour ceux qui marchaient sur la terre, les tueurs à la surface du globe qui traçaient des mots dans le sable balayé par le vent. Faites notre portrait si vous y tenez, mais nous sommes les épines vives, les percées et les perçantes. Et je me suis réveillée et ce qui était fait était fait. La chaîne des humains était en mouvement et leurs voix retentissaient dans l'air comme une nuée d'insectes dévastateurs. L'on ne peut se rapprocher de la vérité, y ajouter ou en retrancher quoi que ce soit, car personne sur terre ne ressemble au vrai berger et rien aux cieux ne ressemble aux souffrances de la vraie vie.

J'ai essayé de t'appeler, a-t-il dit

UNE NUIT SUR LA LUNE

C'était un café-bar de troisième catégorie. Autrement dit, il avait un degré d'anonymat qui simultanément camouflait et exposait toutes les manigances discutables. Nulle part où se cacher entre ses murs ternes, mais d'un autre côté peu de gens passeraient par ici, un rade d'aspect anonyme dans une petite rue qui donnait sur le front de mer. Des types dans la dèche, des bookmakers et des indics, les derniers vestiges d'une ère que seul un ripou saurait reconnaître.

J'ai scruté la configuration des lieux en entrant. Les mêmes tables dispersées, le sol en linoléum piqueté de jaune, quelques boxes. J'étais déjà venue ici, quelque vingt ans plus tôt, à l'époque où ils servaient les meilleurs œufs au jambon avec du vrai jambon de Virginie. Le billard n'était plus là mais sinon c'était la même ambiance morne, un décor inexistant, sauf si vous vouliez compter les calendriers illustrés de scènes de montagne. Un endroit où s'occuper de ses oignons était une petite religion en soi.

Le type le plus proche de la porte était assis, dos voûté, fixant le fond de sa tasse, comme en train de déchiffrer une sombre prophétie émanant de ses grains de café. À côté de lui, un cendrier rempli de mégots, la nature morte parfaite. Deux gars dans le fond parlaient à voix basse, leurs têtes si proches l'une de l'autre qu'elles se touchaient au-dessus de la table.

Je suis restée près du comptoir, en attendant d'être servie. Il y avait une photo décolorée de Manolete, le toréro, dans un cadre en bois doré avec des boutons de rose en soie collés au coin. Je voulais du café mais je me suis sentie obligée de commander un verre. J'ai descendu un verre de vodka, me demandant dans quelle mesure j'avais ma place parmi cette bande. Peut-être en tant que vagabonde, ni pleine aux as ni non plus sans le sou, peut-être quelqu'un qui avait loupé le coche ou du moins quelque reluisante opportunité.

— Qu'est-ce que c'est comme vodka ?

— Qui veut savoir ça ?

— Eh bien, elle est coupée d'eau, mais c'est de la sacrée bonne vodka.

Le barman a feint d'être blessé.

— Kauffman's. C'est de la russe.

— Kauffman's, ai-je répété, puis je l'ai noté sur un petit calepin que j'avais dans ma poche arrière.

— Ouais, mais vous pourrez pas en trouver ici.

— Pourtant vous en avez.

— Ouais, mais vous pourrez pas en trouver ici.

Je me suis contentée de soupirer. Tout cela n'était-il qu'un rêve ? Est-ce que tout n'était qu'un rêve ? Depuis le Dream Motel jusqu'aux espiègleries causées par les singes. J'étais au milieu de cette rumination qui tournait en rond lorsque j'ai senti que je n'étais pas seule. En jetant un bref coup d'œil au bar, je l'ai repéré. Je n'avais pas fait attention à lui en entrant, mais il était bel et bien là, assis dans la pénombre à une table d'angle, à jeter des petits bouts de papier pliés qu'il sortait de son portefeuille. Je n'avais pas pensé à lui depuis un certain temps, depuis qu'il m'avait laissée en carafe dans un paysage d'une vacuité quasi biblique. J'étais bien décidée à attirer son attention, mais son regard me transperçait. *Nous nous sommes rencontrés au WOW*, étais-je en train de dire dans ma tête. *Enfin, en réalité, nous ne nous sommes jamais rencontrés. Je me suis juste assise à la table et je me suis invitée dans la conversation, celle à propos de* 2666, *il était question de courses de chiens à St. Petersburg*. Ernest ne faisait rien pour indiquer qu'il saisissait le message, alors je me suis approchée et me suis installée. Il s'est mis à parler, comme s'il reprenait une ancienne conversation, quelque chose à propos de la scène d'ouverture d'*Apocalypse Now*.

— Martin Sheen complètement ivre, un acte de pure bravoure, la scène la plus audacieuse jamais filmée, incroyable qu'il l'ait réussie. La glace brisée et tout ce sang. Pas du faux sang de cinéma. Celui de Martin Sheen.

Puis il s'est levé pour aller aux W.-C. Je me suis avancée jusqu'au comptoir et j'ai commandé un autre verre. Je ne suis pas une grosse buveuse, mais je me suis dit que de la vodka diluée, de la bonne vodka qui plus est, ne ferait pas de mal, même en plein après-midi. J'ai amorcé un geste en direction de la place où Ernest était assis quelques instants plus tôt.

— Vous savez ce qu'il buvait ?

— Qui veut savoir ça ? a répondu le barman.

Mais il a placé devant moi une bouteille de tequila d'aspect énigmatique. Je lui ai demandé d'attendre quelques minutes, puis de nous apporter la bouteille et lui servir un verre offert par la maison. J'ai posé de l'argent sur le comptoir, lorsqu'une femme est entrée avec une boîte à perruque et des vêtements qui sortaient du pressing. Elle a franchi une porte derrière le bar. Les gars dont les têtes n'étaient qu'à quelques centimètres l'une de l'autre n'avaient pas bougé. En fait, personne n'avait bougé, personne n'avait réagi à l'arrivée de la femme, ni à mon arrivée. Deux femmes faisant irruption dans un monde d'hommes de troisième catégorie.

Je suis retournée à la table d'Ernest. Nous sommes restés un certain temps dans un silence crispé.

— Je me demande si Joseph Conrad aimerait *Apocalypse Now*, ai-je dit, essentiellement pour rompre la glace.

— C'est une rumeur, a-t-il dit. Il n'y a rien de vrai là-dedans.

— Rien de vrai dans quoi ?

— Dans le fait que ce serait juste un remake d'*Au cœur des ténèbres*.

— Eh bien, ouais, ce n'est pas vrai du tout, mais ça l'a inspiré. Coppola lui-même l'a dit. C'est ce qui pour moitié fait sa beauté, la façon dont Coppola a transformé un classique en un classique moderne.

— Un classique du vingtième siècle, même plus si moderne.

Il s'est soudain penché vers moi.

— Qui avait le cœur le plus ténébreux ? Brando ou Sheen ?

— Sheen, ai-je dit sans hésitation.

— Pourquoi ?

— Il voulait encore vivre.

Le barman a apporté la bouteille et a posé un petit verre devant Ernest.

— Servez-vous, c'est offert par la maison, a-t-il dit.

Ernest a rempli son verre à ras bord.

— Il le dilue à l'eau, ce machin, m'a-t-il dit, terminant son verre plutôt rapidement. Tout vient du cœur. Le cœur ivre. Avez-vous déjà été ivre ? Vraiment ivre ? Je veux dire, ivre pendant des jours, perdue dans le romantisme de la grisaille généralisée, plongée dans le tourbillon de l'absurdité ?

C'est ce qu'il a dit, tout en se servant une autre tequila. Il m'est apparu que je ne l'avais jamais rien vu boire d'autre que du café.

Bien sûr, je savais peu de choses sur son compte. J'ignorais son nom de famille, par exemple. Mais c'est comme ça, parfois. Vous connaissez un imparfait inconnu comme personne d'autre. Pas de nom de famille, pas d'année de naissance, pas de pays d'origine. Uniquement les yeux. D'étranges tics. De menues indications d'un état d'esprit.

— Il va le construire son maudit mur, disait-il, et l'argent sera pris dans les poches des pauvres. Les choses changent à une vitesse dont nous n'avions jamais rêvé. On parlera guerre nucléaire. Les pesticides seront un groupe d'aliments. Pas de chants d'oiseaux, pas de fleurs sauvages. Rien que des ruches qui s'effondrent et les riches qui font la queue avant de monter à bord d'un vaisseau pour aller passer une nuit sur la Lune.

Puis il s'est tu. Nous sommes tous deux restés silencieux. Ernest avait l'air fatigué, les ravages de la vie semblaient plus prononcés qu'à peine un an plus tôt. Je sentais la tristesse amère qui paraissait se répandre dans la salle. Elle montait comme un gaz asphyxiant, et les quelques clients disséminés levaient les yeux comme s'ils entendaient un enfant pleurer.

— Je suis ici à propos de Tangier Island, a-t-il marmonné.

Je me suis relevée, j'ai noté *Tangier Island* dans mon carnet et l'ai glissé dans ma poche arrière. Ernest a hoché la tête en silence mais n'a rien fait pour me retenir. J'ai remarqué un penny au sol et me suis penchée pour le ramasser. En sortant, j'ai eu le sentiment que si je retournais à l'intérieur, même un instant plus tard, plus rien ne serait pareil. Tout serait soudain en Technicolor, la nouvelle serveuse derrière le bar, avec sa perruque, tout le maquillage, sa robe sortant du pressing.

Je suis sortie et me suis assise sur un banc, non loin. Je me suis demandé ce qu'Ernest fabriquait à Virginia Beach. Le peu que je savais à son sujet suggérait une sorte de mission. Mais bon, de son côté, il se posait peut-être le même genre de question sur mon compte. J'étais venue sur un coup de tête, pure nostalgie. Un car jusqu'à Richmond, juste pour contempler la James River où je venais avec mon frère Todd, parler d'Edgar Allan Poe et de Roberto Clemente, son joueur de base-ball favori. Todd ressemblait à Paul Newman. Les mêmes yeux bleu métallique. La même confiance modeste. On pouvait compter sur lui pour n'importe quoi. N'importe quoi hormis rester en vie.

Encore quelques traînards, un type qui promenait son chien, une vieille dame chinoise avec d'épaisses chaussettes dans des sandales en bois, accompagnée de son petit-fils qui tenait un ballon rouge énorme. Le rouge du ballon semblait solarisé. Un gros ballon de sang argenté. Le gamin n'avait sur le dos qu'une veste fine mais il ne semblait pas avoir froid ; le vent était plus fort au-dessus de l'eau, il soufflait moins par ici, sur les planches.

Je me suis demandé si je devais attendre qu'Ernest sorte, même si, en toute probabilité, il était déjà parti. Il avait paru être sur les rotules. Il n'avait plus cette force nerveuse qui avait été la sienne lorsque nous nous étions rencontrés au WOW. Il s'était passé quelque chose et quelque chose l'avait attiré ici. Une autre conspiration, peut-être, quelque chose en lien avec Tangier Island. Je l'ai vu s'éloigner du bar en chancelant. J'ai été tentée de le prendre en filature au moment où il se dirigeait vers la promenade de planches, mais cela paraissait trop théâtral. Je l'ai observé pendant quelques minutes, puis, distraite par une mouette qui descendait en piqué, j'ai loupé le moment et l'endroit exacts où il bifurquait. L'occasion étant passée, j'ai songé à me chercher une chambre. J'avais beaucoup de liquide sur moi, carte de crédit, carnet et brosse à dents. Un gamin à vélo est apparu au loin, s'est approché de mon banc et a mis pied à terre.

— Excusez-moi. Un certain Ernest m'a demandé de vous remettre ça, a-t-il dit en me tendant un de ces sacs en papier brun dans lesquels on transporte son déjeuner.

J'ai levé la tête et souri.

— Où est-il, maintenant ? ai-je demandé.

— Je sais pas, il m'a juste demandé de vous donner ça.

— Merci, ai-je répondu, fouillant dans ma poche à la recherche d'un dollar.

J'avais quelques questions à lui poser, mais il est remonté sur son vélo et a poursuivi sa route. Je l'ai vu rapetisser de plus en plus, s'amenuiser en allant vers l'horizon, comme un des navires de Magellan. Dans un soupir, j'ai ouvert le sac et j'en ai tiré une édition de poche abîmée de *La partie des critiques*, obsessionnellement annotée en espagnol. Je l'ai feuilletée jusqu'à arriver aux pages des rêves d'eau, où la pin-up blonde, la Liz Norton du groupe, avait fait allusion à un saut de lignes, un espace. Le fait de lire le passage m'a donné une envie de ville. Une ville impitoyable. Des bâtiments peu élevés. Mexico en 1949. Miami en 1980. Je sentais les doigts insidieux du souvenir faire bruisser les broussailles comme la main coupée du pianiste s'approchant en tremblotant de la gorge de Peter Lorre dans *La bête aux cinq doigts*. Un des films préférés de mon frère Todd, dont la pensée a déclenché en moi des scènes ne figurant pas au scénario, d'autres images de vie. Todd souriant au soleil sur le terrain où il construirait une maison pour sa femme et sa fille. Todd penché sur un billard, une cigarette pendue à ses lèvres. La traversée de la Pennsylvanie en camion, sans chauffage, de petits nuages de buée se formant alors que nous chantions en chœur les vieux tubes qui passaient à la radio. *My Hero. Butterfly. I Sold My Heart to the Junkman.* Pas maintenant, ai-je dit en chassant ces images, et j'ai rouvert le livre et commencé au commencement. Les critiques semblaient plus vivants que les passants et soudain la mer n'était plus la mer, mais une toile de fond pour les mots, une des plus formidables séquences de mots alignés les uns à la suite des autres au vingt et unième siècle.

Quand j'ai relevé la tête, le temps s'était envolé, comme s'il disposait de son propre avion minuscule. Ernest était debout, à seulement quelques mètres. Il semblait parfaitement lucide, nullement ivre. Je me suis approchée de lui, quelque peu soulagée, mais néanmoins peu désireuse de recommencer à tourner en rond avec lui.

— Je ne suis qu'une écrivaine, ai-je dit d'un air las, rien de plus.

— Je ne suis qu'un Mexicain qui croit à la vérité.

J'ai soutenu son regard jusqu'à ce qu'il baisse les yeux. Il s'est un peu tortillé sur place puis a éclaté de rire.

— OK. Mon père était russe, mais il n'a pas vécu longtemps.

— Est-ce que votre père s'appelait Ernest, comme le Constant dans la pièce d'Oscar Wilde ?

— Non, mais constant, il l'était.

J'ai souri tout en éprouvant une montée de mélancolie. Un portefeuille apparut en un éclair, une main sortant une photo de femme dans une robe à fleurs foncée avec un garçon en short, les cheveux impeccablement peignés. Les yeux d'Ernest m'ont fait savoir qu'il savait ce que je voyais.

— Pourquoi Tangier Island ? ai-je fini par demander.

— Depuis le passage de l'ouragan Ernesto, l'île s'enfonce dans la mer. Il faut que je me rachète.

J'ai remarqué que des nuages s'amoncelaient. Pluie, ai-je songé.

— Vous voyez, il y a un dicton sculpté en vieil anglais sur une planche de l'une des plus anciennes structures construites en Amérique. *Voici Tangier Island, comme elle s'en va, de même nous nous en allons.*

— Vous l'avez vraiment vu ? ai-je demandé.

— On ne les voit pas ces choses-là. On les sent, comme toutes les choses importantes ; elles arrivent, elles entrent dans vos rêves. Par exemple, a-t-il ajouté d'un air entendu, là, vous êtes en train de rêver.

J'ai fait un tour sur moi-même. Nous étions debout devant ce même café de troisième catégorie.

— Voyez, a-t-il dit d'une voix qui rappelait étrangement une autre voix.

— Vous êtes l'enseigne du Dream Motel, ai-je soudain laissé échapper.

— C'est le Dream Inn, l'auberge du rêve, a-t-il dit en s'effaçant.

EN GUISE D'ÉPILOGUE

D'abord Mohamed Ali est mort, puis Sandy et Castro et la Princesse Leia et sa mère. Beaucoup de choses dures se sont produites, engendrant des choses encore plus terribles, et puis il y a eu l'avenir qui est venu et reparti, et nous sommes là, encore en train de regarder l'éternel film de l'humanité, un long enchaînement de privations se déroulant en temps réel sur d'énormes écrans perpétuels. Des injustices déchirantes constituant la nouvelle réalité de la vie. L'année du Singe. La mort du dernier rhinocéros blanc. Porto Rico dévasté. Le massacre d'écoliers. Les mots et les actes désobligeants à l'encontre de nos immigrants. La bande de Gaza devenue orpheline. Et quid de l'existence juste là, à portée de main ? Quid de l'écrivain stoïque qui tenait le monde en miniature dans la paume de sa main tatouée ? Que lui arrivera-t-il ? m'étais-je demandé en faisant la navette entre chez moi et le Kentucky. Quand j'ai commencé à écrire ces mots, je ne savais pas encore, et l'on pourrait faire avance rapide ou retour en arrière, mais le temps a l'art de poursuivre sa marche, de s'écouler, de nouveaux développements se produisent, qu'on ne peut altérer, qu'on ne peut assimiler assez vite. Nous avions coutume de rire, Sam et moi, de ce décalage : on écrit dans le temps puis le temps a disparu et en essayant de le rattraper on écrit un tout autre livre, comme Pollock perdant le contact avec un tableau, et en faisant un autre complètement différent, perdant le fil des deux et, de rage, brisant les parois de verre à coups de pied. Je peux vous dire ceci, la dernière fois que j'ai vu Sam, son manuscrit était quasiment achevé. Il était posé sur la table de la cuisine, tel un petit monolithe, contenant l'incontenable, une lueur brillante qui ne pouvait être éteinte. Pourquoi des oiseaux ? a écrit Sam. Pourquoi des oiseaux ? a répété sa sœur en écho. Leur chanson s'échappait d'un ghetto-blaster partiellement ensablé. Pourquoi des oiseaux ? s'écriait le vieil homme. Et ils battaient des ailes, se mettaient en formation et puis se dispersaient. Qu'allait-il arriver à l'écrivain ? La réponse figure désormais dans un épilogue qui n'avait pas vocation à être un épilogue mais en est devenu un car tout ce qu'on peut faire c'est tâcher de ne pas se laisser distancer tandis que Hermès court devant nous avec ses chevilles ciselées. Comment présenter cela autrement qu'en disant la vérité ? Sam Shepard ne gravirait pas physiquement les marches d'une pyramide maya ni ne ferait l'ascension d'une montagne sacrée. Au lieu de cela, il glisserait en douceur dans le grand sommeil, comme les enfants de la ville morte étalaient des feuilles de papier paraffiné sur les monticules de cadavres filant vers le paradis. On y parvient plus rapidement en dévalant une colline sur du papier paraffiné, tous les enfants savent cela. Voilà ce que je sais. Sam est mort. Mon frère est mort. Ma mère est morte. Mon père est mort. Mon mari est mort. Mon chat est mort. Et mon chien, mort en 1957, est toujours mort. Et pourtant je persiste à penser que quelque chose de merveilleux est sur le point de se produire. Demain peut-être. Un lendemain après toute une succession de lendemains. Mais pour revenir au moment qui a déjà disparu, j'étais seule à Virginia Beach, je me retrouvais avec le sac en papier brun sur les bras. Il contenait l'exemplaire usé jusqu'à la corde de *La partie des critiques.* Je restais plantée là, tentant d'absorber la vérité absurde du mot de la fin prononcé par Ernest. Bon, allez, ai-je dit à la petite glace apparue comme par magie qui était tombée d'un poudrier dont la dorure s'écaillait. Allez, concentre-toi, ai-je dit à un œil, puis à l'autre, vagabond. Il faut que tu saisisses l'image dans son ensemble. La glace avait glissé entre mes doigts et lorsqu'elle avait heurté le sol j'avais entendu la voix de Sandy qui disait *des éclats d'amour, Patti, des éclats d'amour.* Et ensuite je suis partie dans l'autre direction, m'engageant sur le tronçon le plus long de la promenade de planches. Personne ne sait ce qui va se passer, songeais-je, personne ne sait vraiment. Mais bon, et si l'on pouvait observer l'avenir à l'aide d'un télescope ? Et si, là, sur la promenade de planches, il y avait un viseur capable de traverser toute l'année 2017 jusqu'à l'année suivante, l'année du Chien ? Quelle sorte de choses verrait-on ? Quel spectaculaire et terrible coup de théâtre dans l'enchaînement doré des événements ici et là, de l'alpha jusqu'à l'oméga ? Quelques encoches, quelques millions d'encoches. La mort de l'écrivain la transfiguration d'un ami les yeux mouchetés de Jésus-Christ les flammes dévorant la Californie du Sud l'effondrement du stade de Détroit et les hommes tombant comme des pièces d'échecs sculptées dans le poids des siècles d'indiscrétions et le massacre de fidèles et les armes et les armes et les armes et les armes. Et puis là, un après-midi d'hiver, là sur la carte où les trois grandes religions traversaient jadis la place du marché en harmonie, où David conquit, où Jésus marcha, où Mahomet s'éleva. Regarde avec honte les pèlerins se faire expulser, les troupes se préparer, et qui sait quand la première pierre sera jetée. La capitale neutre pressentie pour être le nouveau bastion capitaliste. L'olive se flétrira-t-elle ? Les montagnes trembleront-elles ? Les enfants du futur ne connaîtront-ils jamais la douceur de la fraternité ? J'ai continué à marcher, la promenade de planches ne semblait avoir ni début ni fin. Je savais qu'il devait y avoir un télescope en cuivre installé quelque part sur les planches et j'étais bien décidée à le trouver, pas exactement un télescope mais un instrument permettant de voir *au-delà*, en plein milieu de l'esplanade. Le genre d'instrument dans lequel on met une pièce pour voir les îles qui sont hors de portée, des îles occupées par des chevaux sauvages – disons l'île de Cumberland, voire Tangier Island. Mes poches débordaient de pièces, alors je me suis installée et me suis concentrée d'abord sur un cargo, puis sur une étoile, et ensuite je suis totalement redescendue jusqu'à la terre. J'arrivais en effet à voir cette boule qu'était le monde. J'étais dans l'espace et je voyais tout, comme si le dieu de la Science me laissait regarder par sa lentille personnelle. La terre pivotant lentement se révélait en haute définition. Je voyais chaque veine qui était aussi rivière ou fleuve. Je voyais le tremblement maladif de l'air, les froides profondeurs de la mer et la grande barrière de corail blanchie du Queensland, les raies mantas calcifiées qui coulent vers le fond et les organismes sans vie qui flottent et le mouvement des poneys sauvages qui courent à travers les marais, envahissant des îles au large de la côte de Géorgie, et les dépouilles des étalons dans les cimetières du Dakota du Nord et une cavalcade de cerfs couleur safran et les grandes dunes du lac Michigan aux noms indiens sacrés. J'ai vu le centre qui ne tenait pas et, exactement comme Ernest l'avait décrit, une petite île comme le nombril d'une orange, suffocante, et une gigantesque tortue et un renard furtif et plusieurs vieux mousquets rouillés dans les hautes herbes. Il y avait des vieillards grimpant aux rochers et s'allongeant au soleil, mains jointes. Il y avait de petits garçons écrasant de leurs pieds les fleurs sauvages. Et j'ai vu les temps anciens. Des cloches retentissaient, des couronnes de fleurs étaient lancées et des femmes tournoyaient en rondes et il y avait des abeilles dansant leur cycle de vie et il y avait de grands vents et des lunes gonflées et des pyramides qui s'effondraient et des coyotes qui hurlaient et les vagues montaient et tout sentait la fin et le début de la liberté. Et j'ai vu mes amis qui étaient partis et mon mari et mon frère. J'ai vu ceux considérés comme de vrais pères effectuer l'ascension des lointaines collines et j'ai vu ma mère avec les enfants qu'elle avait perdus, redevenue elle-même. Et je me suis vue avec Sam dans sa cuisine du Kentucky et nous parlions écriture. À la fin, il disait : tout est matière première pour une histoire, ce qui veut dire, je suppose, que nous sommes tous matière. J'étais assise sur une chaise en bois à dos droit. Il était debout, me regardait de haut, comme toujours. *Papa Was a Rolling Stone* passait à la radio, qui était en tweed brun, comme les postes des années quarante. Et je me suis dit, tandis qu'il tendait la main pour écarter les cheveux devant mes yeux : le problème avec le rêve c'est qu'on finit par se réveiller.

SANTA CRUZ
Dream
Inn

Table des illustrations

Note à propos de la police de caractères. Pierre Simon Fournier le Jeune (1712-1768), qui a conçu le caractère utilisé dans ce livre, était à la fois un créateur et un collectionneur de fontes. Les services qu'il a rendus à l'art de l'imprimerie furent sa conception de lettres, sa création d'ornements et d'initiales et sa standardisation des tailles des caractères. En 1764 et 1766, il a publié son *Manuel typographique*, un traité très détaillé sur l'imprimerie française, l'histoire et la fabrication des caractères, et sur ce que beaucoup considèrent comme sa plus importante contribution en la matière : le point, unité de mesure typographique.

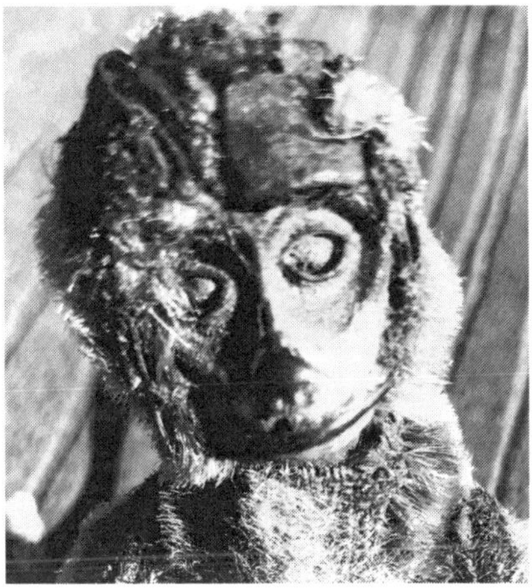

Composition : IGS-CP à L'Isle-d'Espagnac (16)
Achevé d'imprimer par Normandie Roto S.A.S
à Lonrai en septembre 2020
Dépôt légal : octobre 2020
Numéro d'imprimeur : 2003153

ISBN : 978-2-07-286103-1 / Imprimé en France

357341